U0035729

思想觀念的帶動者

文化現象的觀察者

本土經驗的整理者

生命故事的關懷者

Psychotherapy

探訪幽微的心靈，如同潛越曲折逶迤的河流
面對無法預期的彎道或風景，時而煙波浩渺，時而萬壑爭流
留下無數廓清、洗滌或抉擇的痕跡
只為尋獲真實自我的洞天福地

我們為何彼此撕裂？

從大團體心理學踏出和解的第一步

Large-Group Psychology:
Racism, Societal Divisions,
Narcissistic Leaders and Who We Are Now

沃米克・沃爾肯

（Vamık D. Volkan）｜著

成顥、魏冉｜譯
王浩威｜審閱

這本書獻給依莉莎白・沃爾肯（Elizabeth Volkan），
我終身的伴侶，
她一直鼓勵著我繼續這一條有關大團體學習的旅程。

【推薦序】
為什麼我們的政治需要深度的心理學？

王浩威（精神科醫師、華人心理治療基金會執行長）

1.不只是社會政治，還有深度心理

　　談到台灣政治，必然是要談起歷史的。這種政治緊緊扣著歷史的狀態，是如此理所當然，沒有人覺得這是不應該的或是不尋常的。但其實，我們看看其他地區的政治，特別是同一地區或國族內的政黨政治，這樣的必然性其實並不存在。甚至在其他國家，包括兩岸以外的華人社群，所謂的左vs.右、民主vs.共和或自由vs.保守這一類政治主張的意識形態，才是政黨競爭的主要內容。至於歷史，往往在這樣的政黨競爭裡面是不存在的。然而，在台灣的政治領域中，沒有談到歷史（例如台灣民眾黨或是時代力量之類的政黨），幾乎都沒辦法形成足夠強大的政治力量。

　　像台灣這樣，將歷史捲入政治論述，甚至成為編織出政治樣貌的主要基本元素之一的國家，當然並不是世上唯一的一個。至少，我們可以看到這些年來以種族主義為號召的政治，不論是阿拉伯國家的基本教義派，還是歐美的白人至上主義，都有著同樣的現象。

　　然而，歷史的陳述，永遠不會有所謂完整的真相。人們所看到或聽到的歷史，只有少數有發言權的人，所建構出來的片面選擇。即便是我們都知道，沒有被聽見的故事，遠遠比這些經由選擇而被眾人傳頌的故事，都要來得多上好幾十倍，但我們終究還是受到這個「唯一」的歷史深不可撼的影響。

　　然而，哪些故事可以被聽到？哪些故事又永遠被遺忘（刻意或不經意地）而不再被聽到？而且，這些故事從此再也沒有被聽到的人（至少在數個世代以內是不會被聽到的），也就是那些等於是失去了自己的聲音和生命痕跡，而被迫成為社會性失語症（sociogenic aphasia）的人們，在這樣的情況之下，又會變成怎樣的情況呢？

　　至少，在政治與歷史深深地相互糾纏的台灣，擁有建構歷史之權力的一方，往往也就是政治上將會勝利的一方，也就是將會經由民主選舉而成為所謂的執政黨；而失去歷史話語權的一方，恐怕就會成為永遠的在野黨，甚至是在政治上沒有太多允許的空間。

　　在過去戒嚴的時代，歷史的發言權在國民黨這邊；在所謂的民主運動以後，這發言權又完全落在民進黨這一邊。這樣的歷史發言權，並不只是由政治力量由上而下強行製造出來的，更多的是在民間社會裡人與人之間的傳送；在不同時代的各種不同的媒體，透過人們自願選擇的收視率，就可以證明有一股在底層社會自然流動的狀態。

2.心理是政治需要歷史的原因

　　我開始注意到心理學者對政治事件的關心，雖然是很久以前就開始的，但也可以說是最近才更有貼切的感受。

　　所謂很久以前就注意到，指的就是三〇年代，西方的政治運動裡，社會主義者期盼了好久終於迎來了蘇聯的無產階級革命，結果卻成為另一種極權主義的統治方式。這樣的衝擊，人們已經知道要改變社會的不平等不是只有靠政治運動而已，而是就像佛洛伊德後期弟子分析師賴希（Wilhelm Reich）所說的：除了階級的解放，還要有無意識的解放。如何結合社會主義與精神分析，也就成為許多當時的知識分子，包括法蘭克福學派等等，所努力投入的。這樣的傳統，可以一直延伸到六〇年代的法國拉岡（Jacque Lacan），包括他與國際精神分析學會（IPA）的鬥爭和理論上對主體性的重視，一直到德勒茲（Gilles Deleuze）和伽塔利（Pierre-Félix Guattari）共同提出的分裂分析（schizoanalysis），都是這樣的延伸：在理論層面，人類的存有要如何才不會被當前這個高度發展的資本主義社會所異化。

　　然而現實世界政治的複雜度，顯然是遠遠超過這一切理論性的思考。不論是三〇年代社會主義運動也好，或是六〇年代人權運動也好，雖然對這方面都有深刻的努力，卻終究還是無法解決當下政治所發生的問題：種族和宗教的衝突、政治上的集體認同、數位科技帶來的新式集權政治、難民和強迫遷移、溫室效應的世界環境變遷……不論是馬克思或韋伯，還是佛

洛伊德或榮格，這一切的社會政治現象，遠遠超過了當年的這些思想巨擘們所擁有的非凡想像力。

在台灣，社會的問題並沒有因為戒嚴時代的結束而改變。各種弱勢人權的問題，往往很容易就被政治上所謂重要的議題犧牲掉了。在寫這篇文章的時候，台灣馬上就要開啟「反萊豬」、「公投綁大選」、「重啟核四」及「珍愛藻礁」等四項公投議題。人們在投票的那一刻，真的會對這些議題做出獨立判斷嗎？還是在內心深處，很可能因為害怕中國的文攻武嚇，而放棄了他個人更加堅持的地球永續議題？然而對中國的想像，這種充滿歷史意象的深層心理，真的是短短一、兩年的宣傳或思想工作，就可以完成的？

台灣並沒有隨著民族運動而改變其深層的價值觀，不同政黨的不同政治主張也同樣並沒有改變骨子裡的民族性格。譬如說，當香港反送中事件發生的時候，如果香港果真出現了所謂的難民，台灣這個自稱曾經遭受到獨裁的荼毒而現在又受到中國強權威脅的島嶼人民，會願意表現出僅僅十分之一的同理心就好，而有一定的積極態度，來接受這些可能在未來存在的香港難民嗎？如果真的有任何的接受，究竟果真是依循自由、民主和人權的原則（這些當今台灣相當自豪的共同價值觀）而無條件的接受；還是開始左思右想，列出許多條件來一一審查，才決定是否接受呢？同樣的，如果任何台灣的政黨或民眾，如果和中國有任何的利害關係，我們敢討論西藏問題或維吾爾問題嗎？甚至與中國相對較無關的地方，特別是在地球更遠的地方，這情形就會不一樣嗎？譬如說：我們願意以捐款或其他方

式來幫忙遙遠的伊拉克或羅興亞難民嗎？

還有很多問題，譬如說，現在全世界新冠疫情持續流行，你會支持人們有不打疫苗的權利嗎？像這類問題，用政治或社會的思考，真的能夠解決嗎？

我開始注意到，過去像佛洛伊德或榮格這樣的心理學者，他們對政治事件思考面向，雖然不全然是無用的，但恐怕對於當下的這一切現象，心理學還需要有更多的拓展，才能夠有真正貼切的詮釋。

3.為什麼需要深度心理學來增加我們解決問題的能力？

所謂深度心理學，指的是探討人們所不認識的自己的心理學。每個人都有一定程度的自我認識，但也存在著「自己所看不見的自己」。這樣自己所不認識的自己，也就是心理學所謂的無意識（或翻譯成潛意識）。無意識雖然是我們所不認識的自己，但往往在我們做任何判斷或決定的時候，扮演著相當關鍵的角色。這樣重要的關鍵性角色，不只是在我們的日常生活裡，也包括我們集體面對國家大事或世界全球層級的事務的時候。

佛洛伊德就曾經表示，當人類集體行動的時候，他們的心智往往是退行到孩子的狀況。這樣的說法是承續法國社會心理學家古斯塔夫·勒龐（Gustave Le Bon, 1841–1931）的說法。勒龐在他知名的著作《烏合之眾》（*Psychologie des Foules*）裡，提出了一種觀點，即人群不是他們各自個體的總和，而是

形成了一個新的心理學主體；而這個集體之主體的性格特徵是由人群的「集體無意識」所決定的。勒龐進一步聲稱，群體有以下幾種性格：「衝動、易怒、缺乏理性、缺乏批判精神的判斷力、對情感的過度誇張以及他人……」而勒龐所謂的這種「集體無意識」：失去了原來的成熟，彷彿沒有判斷力的幼兒一般，也就是佛洛伊德所謂的退行現象（regression）。勒龐表示：「一個人沉浸在群體中一段時間後，很快會發現自己受到群體磁性般的影響，被集體的心理暗示而出現了無知的狀態。這個特殊的狀態很類似遭到附身，被催眠的個體發現自己被掌握在催眠者的手中。」

榮格不只接受群眾心智「退行」的現象，同時也接受了集體無意識的講法，因此更進一步提出集體陰影。1875年出生、1961年去世的他，不只和佛洛伊德一樣，同時目睹了第一次世界大戰的殘酷，以及集體心理的愚昧狀態，更幾乎差一點介入了第二次世界大戰，還好後來退居到他的故鄉中立國的瑞士，保持著某個距離，來思考這一切人類在集體狀態下，所創造出來的無法形容的殘酷。

他在二次大戰將開始的時候，寫了一系列的評論文章，探討日耳曼人當時的集體行為。沃坦（Wotan），是北歐神話亞薩神族（Æsir）的主神，也是北歐神話奧丁（Odin）在日耳曼神話裡的延伸，祂是戰爭之神，為大地帶來死亡和憤怒的神祇。榮格以〈沃坦〉這一個原型作為文章的名稱，這麼寫著：

　　當我們回想起 1914 年之前的歲月，會發現自己現在

生活的世界，充滿了一戰前的時代所無法想像的事件。我們甚至開始將文明國家之間的戰爭視為寓言，認為在我們理性的、國際組織的世界中，這種荒謬的事情將變得越來越不可能。戰後迎來了名副其實的女巫安息日。

……我們必須等待一段時間，才能讓任何人評估我們所處的時代。

……更令人好奇——事實上，在某種程度上是辛辣的——是一位古老的風暴和狂熱之神，長期沉寂的沃坦，應該像一座死火山一樣，在一個古老的文明國家中醒來，開始新的活動。應該已經超越了中世紀。我們已經看到他在德國青年運動中栩栩如生……背著帆布背包和琵琶的金髮青年，有時還有女孩，在從北角到西西里島的每條道路上都被視為不安分的流浪者，他們是流浪之神的忠實信徒。後來，在魏瑪共和國末期，流浪的角色被成千上萬的失業者取代，他們在漫無目的的旅途中的身影，到處都見得到。到 1933 年，他們不再流浪，而是成百上千地遊行。希特勒運動從字面上讓整個德國站起來，並產生了從五歲的孩子到退伍軍人在這國家中從一處遷徙到另一處的奇觀。流浪者沃坦在行動著。

沃坦是一個不安分的流浪者，他製造動亂、挑起紛爭，一會兒在這裡、一會兒在那裡，並施展魔法。他很快就被基督教詆毀為惡魔，只因要在逐漸消失的地方傳統中繼續生存，像是幽靈獵人和他的隨從，在暴風雨的夜晚彷如精靈一般閃爍現身。……

用羔羊的獻祭來慶祝冬至的德國青年，並不是第一個在無意識的原始森林中聽到沙沙聲的人。他們是尼采所預料的……對痴醉和精力旺盛的每一種解釋都容易被帶回到古典的模型，包括戴奧尼索斯、永恆少年，和促成宇宙演化的艾洛斯愛神。毫無疑問，學術界將這些東西解釋為戴奧尼索斯聽起來更好，但沃坦可能是一個更正確的解釋。他是風暴和狂亂之神，是激情和戰鬥欲望的釋放者；此外，他是最高級的魔術師和幻術藝術家，精通神祕性質的所有祕密。

……我們始終堅信現代世界是一個合理的世界，我們的觀點基於經濟、政治和心理因素。……事實上，我冒昧地提出一個異端的建議，即沃坦性格深不可測的深度，比所有三個合理因素加在一起更能解釋國家社會主義。毫無疑問，這些因素中的每一個都解釋了德國正在發生的事情的一個重要面向，但沃坦解釋了更多。他對一個普遍現象特別有啟發性，這種現象對於任何不是德國人的人來說都非常陌生，以至於即使經過最深入的思考，仍然無法理解。

或許我們可以將這種普遍現象概括為附身（Ergriffenheit）：一種被抓住或占有的狀態。該術語不僅假定有「被抓的人」（Ergriffener），而且還假定有「抓人的人」（Ergreifer）。後者就是沃坦，是人類的Ergreifer，除非有人想神化希特勒——這確實發生了——他真的是唯一的解釋。的確，沃坦與他的堂兄戴奧尼索

斯有著同樣的品質，但戴奧尼索斯似乎主要是對女性施加影響。

⋯⋯對德國種族（通常稱為「雅利安」）的強調⋯⋯所有這些都是正在發生的戲劇裡不可或缺的風景，在深處它們意味著同一件事：這位暴神附身在所有日耳曼人身上，他們的房子充滿了「狂風」。

⋯⋯沃坦作為一種自主的心理因素，對一個民族的集體生命產生影響，從而揭示出自己的本性。因為沃坦有他自己獨特的生物學，完全不同於人的本性。個人只是不時地受到這種無意識因素的不可抗拒的影響。當它處於靜止狀態時，人們對沃坦這個原型的了解，遠遠不如對潛伏未發作的癲癇。

榮格除了觀察二次大戰時自己所屬的民族日耳曼人，他在《未被發現的自我》（1957）裡進一步表示：「由於我們的人性，我們總是潛在的罪犯。甚至可以說，事實上我們只是缺乏一個合適的機會被捲入地獄混戰。我們沒有任何一個人，是站在人類黑色的集體陰影之外的。」

對榮格來說，除了「個人陰影」之外，歷史上也提供了許多例子的「集體陰影」。二十世紀最惡名昭彰的例子，就是納粹投射到猶太人身上的集體陰影。

當時猶太人被描述為必需被滅絕的劣等或邪惡的人。如榮格所言：「在希特勒身上，每一個德國人都應該看到自己的陰影，這是他自身最大的禍根。」（Jung, 1964:223）

　　然而，文化和歷史也扮演著一定的角色。對榮格來說，陰影的現象因著文化不同而有所差異，在美國可以接受的事物，在日本可能就不行。即便在同樣的文化中，也可能因為時代不同而有差異，例如從前在英國社會中，高雅禮儀和社會地位是至高無上的，而今卻被視為過時，被平等社會其他價值的優先次序所取代。「我越來越意識到自己和祖先之間宿命的關聯。我強烈的感覺到這許多的影響，來自父母和祖父母以及遙遠的祖先所留下來的那些不完整，且沒有回答的事物和問題。這好像就是在一個家庭當中有著非個人的『業〔karma〕』」，從父母傳給孩子。」（榮格，1961，《記憶，夢，反思》）

　　在20世紀中期前，深度心理學對於人們的集體潛意識所可能的惡，不論是勒龐、佛洛伊德、還是榮格，就有著相當深切、無力、甚至是絕望的描述了。

4.現代的深度心理學，又怎麼面對當代的問題？

　　再回到台灣吧。在戒嚴時代，真誠地秉持著愛國情操的人們，對台灣人民可能的左傾或倡議獨立的言行所進行的各種預防或打壓，是否有追究的必要？又應該追究到什麼程度呢？這是這些日子來，在台灣政壇一個相當熱門的話題，而且恐怕會在未來更受到重視。

　　這幾天一位朋友從加拿大回來，七〇年代我們都還是學生的時候，一起參加當時所謂的單位學生運動而認識的。自然而然的，我們聊起了那時候認識的另外一位黃姓老友。

今年（2021）10月，這位台中市民進黨籍立委（請容許我將他的名字暫時隱匿，畢竟是多年來深交的朋友）承認在國民黨威權時代扮演「線民」，因此退出新潮流派系、民進黨立法院黨團，同時也不再角逐下屆立委。根據報紙的描述，這一件事是因同黨其他立委檢閱自身的檔案時所察覺。

在那風聲鶴唳的時代，甘冒危險而參加所謂黨外運動的那些當時認識或不認識的朋友們，嚴格說起來，許多人都不是現在民進黨檯面上的人物。同樣的，民進黨檯面上的人物，很多人當年也不是黨外運動者。比如說，高雄市長陳其邁的父親陳哲男就是一個典型的例子。也許現在的民進黨，是從過去的黨外慢慢蛻變而來的。然而，過去黨外的朋友，不見得就是現在的民進黨。至少，在那個年代成長的我，就是這樣深切的感受。

1979年12月美麗島事件，是反對運動最低潮的時候，也可以說是最危險的時候。慢慢地，從這個谷底，黨外的反對運動，逐漸地開始贏得基層社會運動的主導權，接下來一步一步地贏得基層的選舉、贏得全台灣的縣市長大部分席位、然後開始成為擁有最大權力的政黨，也就是台灣目前的執政黨。我自己是1978年到高雄就讀大學的，沒多久就遇到了余登發家族的橋頭事件，第二年年底又是美麗島事件。

在這以後，整個台灣南部地區的異議性活動，跌倒了最谷底。以台北為主體的黨外運動幾乎是撤離了高雄。

在台灣，也許整個黨外運動因為美麗島事件挫敗而引起國內外的注意，有了新的戰鬥的力量；但是在南部，除了我不熟

悉的長老教會體系，幾乎是跌到了谷底，人人聽到黨外人士，幾乎是視之為蛇蠍，避之唯恐不及。

1983年左右，當時大家都還沒有想到有可能建黨的時候，忘了是哪一場選舉，高雄的王義雄律師代表黨外出來選舉。那時還在讀書的我，被台北下來幫忙助選的朋友找去負責文宣美編之類的工作。當時高雄民眾日報記者洪田浚前輩，再三警告我，千萬不要說出自己的學生身分，最好就說是台北下來的。因為在當時的競選總部，到處都是不同單位派來的線民。

那一場選舉開票的晚上，開票還不到一半，就確定王義雄律師必然是落選的。我這樣一個相當青澀的大學生，和洪田浚他們幾個長期奉獻黨外運動的高雄在地人，一起吃著傍晚沒空進食的晚餐。那是一個當選就沒事，而落選就可能被抓的時代，但我卻從來沒有想到這個說法跟自己有關。當一起吃宵夜的每一個人，每個人在討論他們各自要到哪裡躲藏的時候，身為高雄醫學院醫學系五年級的我，卻想著明天在醫院的見習課程是不能缺席的。而如果明天到醫院照常上班，會不會就這樣在見習的時候就突然被抓走了？

余登發事件和美麗島事件以後，整個南部完全沒有黨外的空間。這樣的情形，和現在所謂濁水溪以南皆是綠色勢力的說法，其實是有著天壤之別的。在當時，整個南部是如此的安靜，以至於沒有太多的所謂黨對運動或黨外人士。到了服兵役的時候，我發現自己的檔案並沒有被送到中央的情報單位，只因為當時的南部，對統治者來說確實相當馴服而安逸。於是，在高雄當時一片蕭殺氣氛當中繼續努力，唐吉軻德一般以卵擊

石參加高雄選舉的這些前輩，在民進黨越來越成功以後，全都消失在檯面上了，甚至是全遭到遺忘了。不要說是台灣的黨外運動歷史，就連高雄黨外的歷史，這一段是完全消失了。王義雄或洪田浚等人，那些在最黑暗的時代還繼續堅持的人，現在根本都找不到他們的名字了。

5.是轉型正義，或是獵巫行動？

如今，所謂的民進黨，也就等於台灣擁有最大權力的政黨。

一個有效率的政黨，必然就有運作的權力核心。只是在這核心裡，又有多少個人真正參加過當時的黨外運動呢？像陳菊或林錫耀這樣曾經參加過當年黨外運動的，還留在這個運作核心內部而有影響力的人，恐怕是極少數的吧。

成為主政的民進黨以後，必然擁有許多的責任，當然也因此擁有更多的權力和利益。當時，還是在戒嚴的危險時代，願意冒著生命危險而參加黨外運動的那些人，恐怕有很多人是不習慣權力的滋味，甚至是天生反骨、反權力、反權威，甚至是反社會的。如果是這樣，現在在民進黨這一個國家機器裡活耀地扮演著各種要角的那些人，又是誰呢？

黃立委雖然確實成為國民黨安排在黨裡的線民，在新潮流要求退出以後，也自行退出民進黨，並且對民眾公開坦承自己曾擔任情治系統線民。然而，他的坦承，立即引爆了綠營的線民風暴，連已逝的民進黨創黨主席江鵬堅，曾被指為調查局臥

底一事，又被提出來。而民進黨黨主席蔡英文在黃姓立委案爆發三天後，也打破沉默，在中常會發聲，以「面對真相、釐清責任、修復創傷」是推動轉型正義的核心初衷，來間接暗示不要再繼續查問下去。

然而，這個新聞以後，台灣廣義民進黨裡大大小小的政治圈，開始耳語著各個尚未被揭顯的「線民」，特別是現在在民進黨裡還任居高津的許多「線民」。人們聚焦在誰是政壇未曝光的「抓耙子」，進而扯出所謂的光明使者，幾乎是呼之欲出的重要政治人物或學者。有人甚至說，類似這樣的情形，至少有三十多位。同樣的，陸續出現一些消息中，當年野百合世代的核心成員，也準備對這些仍然不願意放棄自己名位、也不願意面對過去的人物，有所謂下一波的行動。其中已經被點名的，包括PTT網友所討論的台南市長黃偉哲，還有所謂的「光明使者」。

而向來唯恐民進黨不亂的台北市市長柯文哲，也不甘示弱，在今年10月18日的防疫記者會上回應記者的相關提問時，指出國民黨政府在威權時期每年可資助五千名的「職業學生」，因此他估計有上萬人曾為線民；然而，此名單完全公開與否，將成為政治難題。柯並說：「我們在推動轉型正義的過程當中，會不會因此出現更多的被害者？」

原本就是相當艱辛而不容易的轉型正義，如今還被視為獵巫行動，更是令人感到困惑了。

6.正義，可以轉型嗎？

　　本書《我們為何彼此撕裂？：從大團體心理學踏出和解的第一步》作者沃米克・沃爾肯（Vamik Djemal Volkan），1932年出生於賽普勒斯。關於他的生平，可以參考本書附錄二的訪問或其他介紹文章。他描述自己擁有三個職業：精神分析師、醫療行政人員、和「政治心理學家」。

　　前面兩個職業是容易理解的：他從賽普勒斯移民到美國，成為精神科醫師和精神分析師，經歷資深以後有負責行政工作。然而，第三個職業則是涉及他如何通過調查大團體心理和團體身份來理解和預防大規模暴力（例如戰爭和種族滅絕）的工作。而且，他可以說放棄了自己精神分析師所從事的個人分析工作，而投入這些完全走出診療室、走入衝突的田野中開始進行他的深度心理學工作。甚至因為這樣的工作，帶給他更多的精神分析思考，提出許多相當有創見的理論，因此獲得精神分析領域中許多頒發給對新理論的拓展有貢獻者的獎項；同時，也因為這些工作帶來實質的意義，包括實際上解決了許多群體之間的衝突，而獲得許多社會貢獻的獎項，包括曾經五次被提名諾貝爾和平獎。

　　台灣的促進轉型正義委員會是根據2017年12月5日立法院三讀通過《促進轉型正義條例》，在2018年5月31日正式掛牌成立的。網頁上清楚地寫著事項任務：還原歷史真相、威權象徵處理、平復司法不法、重建社會信任；這是依《促進轉型正義條例》內容總結的：轉型正義的促進，主要針對過去的威權

獨裁統治時期，規劃和推動還原歷史真相、開放政治檔案、平復司法不公、促進社會和解、不當黨產的處理及運用等工作。

2019年12月13和14日，在當時主委楊翠的支持下，也是心理學家的委員彭仁郁策劃的一場「轉型正義國際研討工作坊」，請來了包括沃爾肯長期的夥伴，也是精神分析師的史克拉爾（Jonathan Sklar）。如何用心理學的思考來解決過去的政治創傷，讓轉型正義得以實現，在台灣其實只是起步而已。當這樣的計畫開始倡議時，許多潛意識的阻抗立刻浮現。對於執政黨來說，讓一切的傷口繼續保持著被害者的姿態，因此可以配上愛國者的勳章，才是重要的目的；至於這過程所扭曲的人性，或者這些傷口對於受害者的家屬數十年來的傷害，甚至是對加害人進一步的理解，都不是執政者所要的。在這樣的情況之下，要進行深度的心理學探索，自然找到相當嚴厲的阻抗。也果然沒多久，包括這個原因在內，楊翠等人都離職了。

這本書的翻譯、出版，其實是為了彌補當時的遺憾。畢竟這一切的工作都還沒真的展開，然而未來終究都要付出代價。現在即將要爆發的所謂線民事件，其實只是一個小小的例子而已。

正義當然是可以轉型的，問題是在於：我們究竟有多少意願，去凝視自己的陰影呢？請記得，前面所引用的榮格的話：「我們沒有任何一個人，是站在人類黑色的集體陰影之外的。」所謂的線民，其實只是我們要迴避自己的陰影而找出的代罪羔羊而已。

7.選擇的創傷和選擇的榮耀

　　本書所討論的範圍，轉型正義只是次要的討論。更重要的是這樣的政治大團體，也就是榮格所謂沃旦靈魂對人們的集體附身，又應該怎麼去解釋？我們又如何根據這些理解，來做可能的災難預防呢？

　　這些年來，從在野到執政的民進黨，可以說是本書裡所描述的成功的例子。民進黨有越來越清楚的集體創傷記憶，以及這樣的集體創傷記憶所延伸出來的集體光榮，透過這一切而形成了將一切人群圈在一起的大帳篷（關於這個比喻，請看本書）。而在大帳篷裡面，人們慢慢不容易有個人的思想，慢慢只能適應這個空間裡一股越流動越強烈的想法。人們於是遇到了難題：過去因為支持環保而支持在野之民進黨的人們，究竟要選擇民進黨的電力方案，還是要選擇當年環保理念的藻礁呢？究竟要選擇民進黨的外交貿易政策，還是要選擇給下一代更健康食物的「反萊豬」？究竟要選擇民進黨，還是選擇支持重啟核四，以獲得穩定電力？

　　這些議題造成了許多民眾的兩難，也就是因為隨著民進黨的執政，所選擇的歷史敘述已經將包括環保、社運、貧富差距等等這些弱勢團體的議題，慢慢地排除在外，越來越不容易聽到了。新形成的歷史敘述，是沒有所謂中國文化的一種新型的台灣民族，而南島語系的原住民文化和歷史成為最主要的支持證據。

　　相對來說，國民黨則是「大團體心理學」的反面教材，一

個典型的失敗例子。在過去執政的時代，「反共抗俄」是共同的創傷和榮耀，曾經是一個傑出的大帳篷。然而，隨著中國的崛起，以及習近平以敵對者的姿態呈現在台灣民眾眼前，台灣的國民黨找不到他們的共同傷口，更找不到他們共同的榮耀。特別是在每一個國民黨的政治領導人都有自己的利益盤算之下，這樣的共同語言或共同歷史是遙遙無期的，恐怕這也不可能是對台灣有影響力的政黨了。

然而，民眾真的需要這樣的大帳篷嗎？民主運動應該是要去中心化的，而不是以大帳篷來掩蓋民進黨執政以來越來越多的腐敗、沒有作為、以及完全沒有遠見的政策。甚至，連過去台灣民主所自豪的包容力，也就是各種不同聲音豐富的存在，如今都慢慢地消失了。對強大敵人想像力的推波助瀾（兩岸的執政者在這一點都是同樣的態度），成為了台灣民主最大的扼殺力量。而台灣人民，真的會永遠容許這一切美好力量的流失嗎？

深度心理學對於政治，始終是抱著矛盾的心理在面對的。過去，心靈工坊曾經出版作者是榮格分析師的《診療椅上的政治》（*Politics on the Couch: Citizenship and the Internal Life, Andrew Samuels*），也是這領域（深度心理學對政治運動的討論）中傑出的作品。同樣都是在樂觀的理論中，帶著一絲的悲傷。畢竟，就像佛洛伊德所說的，群眾心理是一種像孩童一般退行的狀態；而這一點，是沒有人否認的。

1863 年或 1864 年，尼采寫下了《致無名之神》，而這段詩也是榮格所引用的：

我將會也必然會認識你，這未知的你，
這位尋查我靈魂深處，
暴風一般席捲了我的生命，
而且抓不到，這位還是我摯親的人！
我將會也必然會認識你，成為你的僕奴。

你那嘲弄的眼睛從黑暗中盯著我！
於是我只能說謊。
我只能痛苦翻滾、全身扭曲、受盡折磨，
還有所有永無止盡的酷刑。
被你，這位殘忍的獵人，
一再地痛擊，
你這位我還是不認識的：神祇！

　　人類的命運真的會這麼悲慘嗎？本書作者沃爾肯當然不這樣認為。然而，尼采也好，榮格也好，這是對這樣的樂觀，有著相當的保留。究竟會如何呢？在未來，一切就只能交給未來來判斷了。

【中文版序】

如今的我們，究竟是誰？

在本書的第一章，我談到了自己在賽普勒斯的童年經歷，以及後來在這個地中海島嶼所發生的致命種族衝突，這些經歷對我在大團體心理學方面的研究產生了重大的影響。1974年，在土耳其軍隊介入之後，賽普勒斯這個島嶼被劃分為北部土耳其裔賽普勒斯人的領地和南部希臘裔賽普勒斯人的領地。在過去的幾十年間，每年夏天，我都會在賽普勒斯住上幾個月的時間。

2021年夏天，我正在北賽普勒斯的家中，得知心靈工坊正準備翻譯和出版這本書。我很高興，也深感榮幸，同時也想知道，台灣的讀者為何會對我的書產生興趣。

我所能想到的第一件事，是北賽普勒斯土耳其共和國和台灣的人們，都不得不面對「如今的我們究竟是誰」這個問題。正式承認北賽普勒斯土耳其共和國的國家，只有土耳其。由於歷史和國際等因素，台灣也不被承認為一個獨立的國家。我去過世界上的許多地方，但還沒有機會到台灣去。然而，我知道台灣的政治和意識形態也存在著分歧。在台灣，有些人認為台灣未曾屬於中國，而其他人則對中國文化投入很深的感情。南島語族原住民的存在、大他者的活動以及近年來越來越多移民的湧入（特別是來自越南、印尼和泰國等國），使得「如今的

我們究竟是誰」這個問題將會在台灣持續存在下去。

在這本書之中，我會描述個體如何在童年時期發展出他們在種族、國家、宗教以及意識形態層面的大團體身分認同，以及在成年之後發展出來的其他類型的大團體身分認同。我也會寫到一些事件，例如與領導者—追隨者議題或社會創傷（包括COVID-19疫情在內）有關的事件，這些事件會增加人們對自身大團體身分認同的投入。這種投入的增加，可能會導致社會和政治衝突。

我希望這本書能對台灣讀者有所裨益，增長你們的知識和好奇之心，去瞭解大團體心理學在生活中所扮演的角色，從而得以在台灣內部的次團體之間，以及台灣與台灣之外的大他者之間，探索更為和平的相處之道。

感謝心靈工坊將我的作品介紹給台灣的讀者。

—— 沃米克・沃爾肯

2021年9月

目次

【關於作者】

　　沃米克・沃爾肯（Vamık D. Volkan）係維吉尼亞大學精神醫學榮譽退休教授，華盛頓－巴爾的摩精神分析研究所（Washington-Baltimore Psychoanalytic Institute）訓練和督導榮譽退休分析師。他是國際對話倡議組織（International Dialogue Initiative, IDI）的榮譽退休主席，曾擔任土耳其－美國神經精神醫學協會（Turkish-American Neuropsychiatric Society）、國際政治心理學協會（International Society of Political Psychology）、維吉尼亞精神分析協會（Virginia Psychoanalytic Society）和美國精神分析師協會（American College of Psychoanalysts）等機構的主席。他曾是美國前總統吉米・卡特（Jimmy Carter）領導下的國際談判網絡（International Negotiation Network, INN）成員；國際精神分析協會（International Psychoanalytical Association）恐怖與恐怖主義工作小組（Working Group on Terror and Terrorism）成員；世界衛生組織駐阿爾巴尼亞（Albania）和馬其頓（Macedonia）的臨時諮商專家；以色列特拉維夫（Tel Aviv）拉賓研究中心（Rabin Center for Israeli Studies）的首屆伊扎克・拉賓研究員（Yitzhak Rabin Fellow）；奧地利維也納佛洛伊德基金會（Sigmund Freud-Foundation）贊助的富布萊特（Fulbright）精神分析訪問學者。

　　他曾榮獲諸多獎項，如內維特・桑福德獎（Nevitt
Sanford）、艾理斯・希曼獎（Elise Hayman）、布萊斯・鮑
耶獎（Bryce Boyer）、漢斯・斯特魯普獎（Hans Strupp）、
（維也納市頒發的）西格蒙特・佛洛伊德獎（Sigmund
Freud）、瑪麗・西格妮獎（Mary Sigourney）和瑪格麗特・馬
勒文學獎（Margaret Mahler Literature Prize）等[1]。他還曾五
次獲得諾貝爾和平獎提名，並受到來自二十七個國家的支持。
沃爾肯博士擁有芬蘭庫奧皮奧大學（Kuopio University；現
稱東芬蘭大學）、土耳其安卡拉大學（Ankara University）、
俄羅斯東歐精神分析學院（Eastern European Psychoanalytic
Institute）、北賽普勒斯東地中海大學（Eastern Mediterranean
University）和北賽普勒斯凱里尼亞—美國大學（Kyrenia -

1　　註1【譯註】：內維特・桑福德獎，以心理學家內維特・桑福德的名字命名，專門頒發
　　　給在政治心理學領域有突出貢獻的學者。內維特・桑福德（1909-1996），美國加利福
　　　尼亞大學柏克萊分校心理學教授，在民族優越感和反猶太主義等研究領域頗有建樹。艾
　　　理斯・希曼獎，以馬克斯・希曼博士和他妻子的名字命名，專門頒發給在大屠殺和種族
　　　滅絕等相關研究領域有突出貢獻的學者。布萊斯・鮑耶獎，以精神分析學者布萊斯・
　　　鮑耶的名字命名，專門頒發給在精神分析人類學領域有突出貢獻的學者；布萊斯・鮑耶
　　　（1916-2000）乃舊金山精神病高級研究中心的聯合負責人，在反移情和重度精神病的
　　　治療方面有突出貢獻。漢斯・斯特魯普獎，以精神病學家漢斯・斯特魯普的名字命名，
　　　專門頒發給在心理治療方面有突出貢獻的學者；漢斯・斯特魯普（1921-2006）乃德裔
　　　美國精神病學家，對心理治療的科學研究和短程心理動力學治療的發展有卓越貢獻。西
　　　格蒙特・佛洛伊德獎，以精神分析學派創始人佛洛伊德的名字命名，由奧地利維也納政
　　　府頒發，專門頒發給終身從事心理治療工作、對心理治療事業的發展有卓越貢獻的學
　　　者。瑪麗・西格妮獎，以精神分析師瑪麗・西格妮的名字命名，專門頒發給對精神分析
　　　的應用和研究有卓越貢獻，並促進精神分析對其他學科以及研究領域產生傑出貢獻的學
　　　者。瑪格麗特・馬勒文學獎，以精神分析學者瑪格麗特・馬勒的名字命名，專門頒發給
　　　對分離—個體化理論的理解和發展有傑出貢獻，或者對兒童的預防干預及治療有傑出貢
　　　獻的學者。

American University）等學校或機構的榮譽博士學位。

　　沃爾肯博士創作、合寫、編輯或合編的精神分析及政治心理學著作已超過五十部，其中一些著作已有中文、芬蘭語、德語、希臘語、日語、俄語、塞爾維亞語、西班牙語和土耳其語等多種版本。他迄今發表數百篇論文和書籍章節，擔任十六份國家級或國際級專業期刊的編委。

【關於本書】

　　維吉尼亞州的夏洛特斯維爾（Charlottesville），是兩位美國總統湯瑪斯・傑佛遜（Thomas Jefferson）和詹姆斯・門羅（James Monroe）的故鄉。維吉尼亞大學是由傑佛遜於1819年創建的，他也是《獨立宣言》的主要執筆人。1963年，我來到夏洛特斯維爾，成為維吉尼亞大學醫學院精神醫學和神經學系（Department of Psychiatry and Neurology）的講師。在大學長期任職期間，我擔任過的諸多職位之中，包括在大學附屬的藍嶺醫院（Blue Ridge Hospital）擔任十八年的醫療總監。藍嶺醫院位在由湯瑪斯・傑佛遜設計和建造的種植園蒙蒂塞洛（Monticello）附近。數以百萬計的遊客來到夏洛特斯維爾參觀蒙蒂塞洛，那裡也有奴隸住屋圍繞在傑佛遜豪宅周圍。2002年，我從維吉尼亞大學醫學院退休之後，藍嶺醫院便關閉了，因為學校建造了一所新醫院。不過，我還住在夏洛特斯維爾。

　　2017年8月11日至12日，就在我身處的這座美麗城市，發生了一場白人至上主義者的集會。美國白人至上主義者的信念集中在一個目標上：建立一個由精選出來的歐洲白人純種後裔所居住和控制的國家。來自美國其他地方的遊行者高喊著種族主義和反猶主義的口號，手持納粹和新納粹的象徵，反對拆除位於舊城區李公園（Lee Park）的羅伯特・李（Robert E. Lee）雕像。李是美國內戰時期南部邦聯軍隊的指揮官。來

自俄亥俄州的白人至上主義者小詹姆斯・亞歷克斯・菲爾茲（James Alex Fields Jr.）故意開車撞向一群敵對陣營的人，導致三十二歲的希瑟・海耶（Heather Heyer）死亡，另有四十人受傷。

當天清早，這些可怕事件發生之前，我離開夏洛特斯維爾，驅車前往華盛頓特區，從杜勒斯機場（Dulles Airport）飛往德國柏林，我將在那裡出席一場專業會議，並發表演講。幾天後我回到了美國，我的城市所發生的新聞事件，以及美國總統川普關於「雙方都是很好的人」、新納粹種族主義者和反抗議者的言論，在電視上被反覆討論著。

我的房子位於一個森林環繞的地方。半個小時之內，我便可以開車抵達夏洛特斯維爾的市中心。四月時樹木長出了新葉，我生活的這個世外桃源便被深淺不一的綠意所包圍。坐在門廊上，我可以聽到人工小湖那邊傳來許多鳥兒和青蛙的鳴叫。夾雜在大自然聲響之中唯一的人為噪音，便是來自於飛過房子上空的飛機。從柏林回來之後，我感到自己根本無法欣賞或享受大自然的這些美好。我感到自己必須去市中心，去觸摸那些發生過可怕事件的地方，以及我素不相識的希瑟・海耶被殺害的地方。

夏洛特斯維爾發生的事情，讓我思索起自己從1957年開始自願移民美國的生活、我個人對種族主義、反猶主義和反穆斯林情緒的觀察和經歷，以及「美國例外主義」（American exceptionalism）[2]的積極面向。於是我想寫一本書，闡述自己對美國政治分裂的觀察。我將美國白人至上主義運動視為一個「大團體」，帶有它自身的分支。我所說的「大團體」，指的是數以百計、成千上萬甚至數百萬的人——他們之中的大多數人都沒有以個體的身分見過彼此，甚至對彼此一無所知，但他們共享著許多相同的情感。關於種族、國族、宗教和意識形態等大團體問題，我已經寫了好幾本書和許多論文。因為如此，我對開始寫作一本新書感到有些猶豫。

2018年12月7日，小詹姆斯‧亞歷克斯‧菲爾茲被判一級謀殺罪和八項惡意傷害罪成立。包括倖存者在內的人們聚集在法庭外面，在夏洛特斯維爾市中心的街道遊行，表達他們的寬慰之情。我聽說，希瑟‧海耶遭到兇手開車撞擊的時候，與她站在一起的，是一個非裔美國女性及其非裔美國丈夫。這位非裔美籍男士便是審判期間的證人。幾個月後我得知，審判結束之後，這位婦女的家人前去做禮拜的那座教堂的會眾，受到了白人至上主義者的威脅。

三個多月以後，世界各地又發生了多起針對清真寺、教堂和猶太教會堂的襲擊事件。2019年3月15日，一名白人至上主義者在紐西蘭基督城（Christchurch）的林伍德伊斯蘭中心（Linwood Islamic Centre）及努爾清真寺（Al Noor mosque），殺了許多進行週五祈禱的民眾。唐納‧川普將這一悲劇以及類似事件歸因為「一小群有非常、非常嚴重問題的

2　【編註】：美國例外主義，是一種認為美國這個國家獨特而迥異於其他國家的理論或意識形態。或譯為「美國優越論」。

人」之行為。用這種方式來看待當今世界正在發生的事情，未免過於簡單。一個月之後的復活節週日，斯里蘭卡發生了一連串教堂和旅館爆炸案，共造成二百五十三人死亡、四百五十人受傷，許多嫌犯被逮捕。2019年4月27日，美國加利福尼亞州聖地牙哥附近的一座猶太教會堂發生槍擊事件，成為新聞熱點，當時年僅十九歲的約翰‧歐內斯特（John T. Earnest）因涉嫌謀殺和謀殺未遂被捕。人們懷疑，他在被捕之前，曾在聖地牙哥的一座清真寺縱火。兩週之後，康乃狄克州紐哈芬（New Haven）的狄亞納特清真寺（Diyanet Mosque）發生火災，幸而沒有造成傷亡。當局認為，這起火災是蓄意縱火。

2019年暮春時節，我接受波蘭精神分析協會（Polish Psychoanalytic Society）的邀請前往華沙。該協會成員和其他的心理衛生工作者想要探索其國內的極權主義和偏執等問題，他們可以如何表達自己的專業意見。在波蘭執政的法律與正義黨（Law and Justice Party），反對歐盟在歐陸推行的世俗願景。按照該黨的說法，這樣的願景與波蘭的身分認同相左。該黨領導人還將男女同性戀者妖魔化，認為他們對波蘭精神造成了威脅。法律與正義黨受到了天主教會的大力支持。幾乎百分之四十的波蘭人口每週都望彌撒。教會佈道和天主教的媒體都強烈支持執政黨。波蘭精神分析協會的董事會成員希望我在該協會於2019年5月18日舉辦的會議上演講，聚焦於從心理學的角度來理解全國性大團體的政治和社會分裂。

我在華沙期間，由記者托馬茲‧謝克爾斯基（Tomasz Sekielski）和他的兄弟馬力克‧謝克爾斯基（Marek Sekielski）

拍攝的兩小時紀錄片《不要告訴任何人》（Tell No One），
短短幾天之內便在YouTube被觀看了超過一千八百多萬次，片
中揭露了波蘭神職人員普遍存在的兒童性侵問題。這類醜聞在
美國、英國、澳大利亞和其他地方都已為人所知。如今，它震
撼了波蘭人民。其中一名施虐的神父，是萊赫‧華勒沙（Lech
Walesa）的私人牧者；華勒沙是諾貝爾和平獎得主，1990年至
1995年擔任波蘭總統。波蘭人民開始猜測，這部紀錄片是否會
對執政黨的權力產生重大的影響。

在波蘭短暫停留後回到美國時，我發現英國脫歐風波、少
數群體（從穆斯林和基督教徒，到低種姓者和自由主義者）受
到壓迫的印度正在進行選舉，以及是否可能啟動彈劾川普的
程序等等新聞，在在都是社會分裂的例子。在許多國家裡，
人們頻頻提出一個具有隱喻性的問題：「如今的我們究竟是
誰？」，並得出表面看來互相牴觸的答案。於是，寫一本新書
來更新我在大團體心理學方面的發現，這樣的動機又回來了。
我也希望能有機會，闡述我對這個主題的**個人觀察與體驗**。

本書對佛洛伊德關於大團體的觀點，提供了一個簡要的概
述。一般來說，佛洛伊德及其許多追隨者的主要關注點，是大
團體對個人來說究竟意味著什麼。我則要解釋大團體心理學**本
身**是什麼。這意味著，我會對一個大團體之中過往與現在於意
識及潛意識裡共同擁有的歷史／心理經驗，予以詳細論述。進
行這樣的論述，可以擴展我們對當今浮現的社會—政治—宗教
事件、領導者—追隨者關係的理解，並使我們能夠深入審視敵
對大團體之間的互動。這類似於精神分析師將受分析者的發展

史與各種意識和潛意識的幻想聯繫起來，予以詳細闡述，藉以瞭解究竟是什麼激發了特定的行為模式、症狀以及形成慣性的人際關係。

在本書之中，我會描述孩子如何成為大團體之中的一員，以及成年人為何在某些時刻會發展出第二種大團體身分認同。審視這樣的現象，可以為研究「如今的我們究竟是誰」這個隱喻問題的蔓延、種族主義、獨裁政權、惡意政治宣傳、建造高牆以及干涉民主進程和人權議題等，提供背景資料。我希望自己能夠讓讀者們感到，我們也需要從心理學的視角來研究當前的世界事務。為了讓本書企及更廣大的讀者，我不會使用太多精神分析的專業術語。

【第一章】研究大團體心理學的個人動機

　　傳統上，精神分析師自己對某些人類心理主題為什麼特別地鑽研，這樣的個人動機一般是不會寫出來的。這些動機可能依然處於潛意識之中。如果精神分析師意識到自己童年的某些事件引領自己專注於某個心理主題，或者尋找具有同樣特定類型創傷和行為模式的個案來施加治療，他們不會希望公開這些資訊，也不願意受分析者瞭解這些情況。

　　斯坦利・奧利尼克（Stanley Olinick, 1980）便思忖著，是什麼促使心理衛生工作者成為精神分析師。他認為這種強大的動機是「想要拯救憂鬱母親的幻想所具有的決定性影響，是憂鬱的母親在自願接受這訊息的孩子身上誘發了這種拯救幻想」。他還補充說，為了讓母親與孩子之間的這種親緣關係得以形成，「它必然發生在生命的早期，雖然我們並不清楚這種狀況需要延續多久的時間，才會導致相應的後果」（Olinick, 1980, pp. 12-13）。奧利尼克並沒有透露他自己的生活情況。

　　約瑟夫・利朋（Joseph Reppen, 1985）想要知道其他的精神分析師如何開展精神分析，是什麼影響他們的思維和方法，以及他們的動機究竟是什麼。他邀請十位美國精神分析師和兩位歐洲精神分析師開誠布公地與其他人談論自己的工作。這十二位精神分析師的談論後來公開發表了。正如利朋所說，他的書可以說明佛洛伊德學派的觀點如何之廣泛，精神分析師的

工作又如何深具個人性質。然而，最近閱讀利朋的書，我卻注意到，這十二位精神分析師主要都在闡述自己所使用的方法與技術，卻沒有對自己生活之中那些影響到他們職業活動的事件提供詳細的例子。而我，正是這十二位精神分析師之一。

如今，我覺得可以更為自由地分享自己的背景資訊了，因為我早在2000年就停止了臨床工作。在那之後，我一直在為不同國家的年輕分析師提供督導和諮商。作為督導，使我注意到很多接受督導者會對某些心理議題的處理，表現出情感層面的依戀或迴避。由於我並非他們的心理治療師，因此我不會探究他們為何會對解決某些人類問題表現出興奮或猶豫。他們之中的有些人會自願告訴我，他們理解到自己生命中或自己的國家所發生的某些事件，儘管經過了個人分析，卻還是持續影響著他們偏好或迴避對某些事物的探究。在本章，我將描述自身童年發生的一些事件，這些事對於我成為精神分析師，而後又離開診療室沙發，花費數十年的時間去研究國際衝突和創傷，並投入大團體心理學的發展這整個過程，發揮了某些作用。

賽普勒斯位於地中海，是古希臘愛神阿芙羅黛蒂（Aphrodite）的出生地。在新石器時代，也就是西元前4000年到3000年，這裡是一個人口稠密的地方。自西元前1500年以來，賽普勒斯島由於位於小亞細亞沿岸的戰略位置和豐富的礦藏，一直都是一個被反覆爭奪的島嶼。據說，銅（copper）這個詞便是由賽普勒斯（Cyprus）這個名稱衍生而來的。邁錫尼人（Mycenean）對賽普勒斯進行殖民統治，腓尼基人（Phoenician）和亞該亞的希臘人（Achaean Greeks）則在

這裡建立了獨立的城邦。這個島嶼曾經被一長串征服者統治過——埃及人、波斯人、馬其頓人、羅馬人、拜占庭人、阿拉伯人、十字軍、法蘭克的眾國王、熱內亞人、威尼斯人和鄂圖曼土耳其人。而後，在賽普勒斯共和國於1960年成立之前，它是英國的殖民地。

　　1932年，我出生於賽普勒斯的一個土耳其家庭，當時這個島嶼還是英國的殖民地。據統計，1931年這個島上有三十四萬七千九百五十九人（Luke, 1952）。希臘基督徒和人數較少的土耳其穆斯林，在島上的同一座城市、城鎮和某些村落裡毗鄰而居。有些村莊則單獨住著希臘人或者土耳其人。島上還住著少數的亞美尼亞人（Armenian）、馬龍派天主教徒（Maronite）和腓尼基人。我是在賽普勒斯的首都尼科西亞（Nicosia）長大的，每天都會在我居住的社區、市場、教堂或清真寺附近以及其他地方，遇到賽普勒斯希臘人和賽普勒斯亞美尼亞人。我也會看到英國人。我就讀的土耳其高中，校長就是英國人，而他的妻子是亞美尼亞人。當時，島上的英國人屬於「統治」階級，其餘的人則都是「本地人」（natives）。隨著年齡的增長，我逐漸認識到歷史對人類心理的重要影響，我開始意識到，為什麼作為「本地人」的希臘人和土耳其人會那麼投入自己的希臘特性和土耳其特性，藉以支持他們的自尊，並與各自的「祖國」（希臘和土耳其）聯繫起來。我瞭解到，就在我出生的前一年，賽普勒斯的希臘人曾起義反抗英國，尋求與希臘合併（Enosis）。

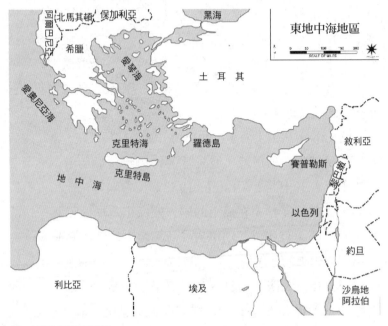

圖一：東地中海地區地圖。

　　我還是個孩子的時候，就開始認識到「敵人」的概念，但英國人並不在「敵人」之列。1941年，納粹空降入侵另一個地中海島嶼克里特島（Crete）之後，人們預料他們接下來便會入侵賽普勒斯。我父親早已雇了人，在我們的花園裡面挖了一個地下碉堡。我們在許多情況下都會跑去那裡避難，甚至是警笛驚醒睡夢的雨夜。有時，德國和義大利的軍機會向島嶼投下炸彈，我們便會待在地下碉堡裡面，等待解除警報的聲音響起，告知我們危險已經過去。那時候食物是定量配給的，我們只好吃那些嚼之無味的黑麵包，此外還需要學習如何使用防

毒面具。德國人和義大利人才是「敵人」。二戰期間，大約有三萬五千名賽普勒斯志願軍，既有希臘人，也有土耳其人，在英軍陣營裡並肩服役──其中六百五十人犧牲，二千五百人被俘。

隨著戰爭的進行，我開始注意到那些屬於另一個大團體身分認同的人們。留著長鬍子、戴著頭巾的印度錫克教（Sikh）士兵，在我家附近的街道上來來往往。就在我和其他孩子經常一起玩耍的小學操場上，我親眼目睹過一架英國噴火式戰鬥機擊落了一架義大利戰機。對我來說，這一定是一段可怕的經歷，因為我把飛機殘骸上的一小塊碎玻璃保存了幾十年。保存它，這在某種意義上是控制了它，藉此我很有可能是在試圖控制我童年時代那種可能會失去生命的焦慮。而實際上，德國人並沒有真正入侵賽普勒斯。

賽普勒斯的希臘人和土耳其人在不同的學校接受教育。只有一所「英語學校」，希臘裔和土耳其裔的青少年都可以申請入學。我在賽普勒斯讀完專收土耳其裔的高中之後，便前往土耳其接受醫學教育。1956年，我從醫學院畢業，六個月之後，我加入了所謂「人才外流」的行列之中。美國當時很缺醫生，因此吸引世界各地的醫生前往美國。我抵達美國的時候，恰逢賽普勒斯出現了新的大團體衝突。賽普勒斯的希臘人希望賽普勒斯能夠與希臘合併，他們開始攻擊英國軍隊和平民，並開始壓迫賽普勒斯的土耳其人，依賴恐怖手段成了慣例。

在土耳其醫學院就讀的最後兩年，我和朋友艾洛‧穆拉（Erol Mulla）合租了一個房間，他比我小兩歲，也是土耳其

裔賽普勒斯醫學生。我在自己家裡沒有兄弟，而他就好像是我的兄弟一般。然而畢業以後，在抵達美國幾個月之後，我收到了父親的來信。信封裡面是一張新聞告示，上面有艾洛的照片，文中說道，我的朋友從土耳其回到賽普勒斯看望生病的母親，在藥店為母親買藥的時候，被一名希臘裔賽普勒斯恐怖份子連開七槍。這個人殺害了艾洛，一個前途無量的聰慧年輕人，目的是為了恐嚇他所屬的族群。艾洛是在大團體身分認同的名義下被殺害的。而我到美國的第一年裡在芝加哥的一家醫院實習，這是一個沒有朋友的陌生環境。我無力對艾洛的死亡有任何的哀悼。

芝加哥的實習結束之後，我來到北卡羅萊納州的教堂山（Chapel Hill），在北卡羅萊納大學醫院完成精神醫學的訓練。我在北卡羅萊納待了五年，之後便來到維吉尼亞的夏洛特斯維爾，同時也成為了美國公民。就這樣，我成為了一個「自願移民者」。當賽普勒斯的家人和朋友們生活在飛地的次等人類境遇裡，被賽普勒斯希臘人團團包圍，我自己卻生活在安穩之中。那個時候，我對自己複雜的哀悼和倖存的內疚無以名之。在夏洛特斯維爾安頓下來之後，我便開始往返夏洛特斯維爾和華盛頓兩地接受個人分析和精神分析訓練，持續了好多年的時間。

在土耳其習醫時，我便知道自己想要成為精神科醫師和精神分析師。但在很久之後，我才意識到將我引向這個願望的一個重要因素。年少的時候，我們在尼科西亞的房子是租來的，家裡並沒有真正的圖書室。在那段時期，即便是生活在城市和

大型城鎮的中產家庭，房子裡面都沒有電力。直到十五歲左右，我在晚上讀書和寫作業才不再需要使用油燈。我父親是小學校長，他把藏書放在他們臥室的一個巨大黑色木箱裡面。有一天，當時二戰還沒結束，我意識到這個巨大的箱子是被鎖起來的。兩位姊姊告訴我，父親弄到了一部德語詞典，如果納粹入侵賽普勒斯，他就可以和納粹溝通，保護自己的家庭。她們還告訴我，這種行為是被禁止的，所以父親不得不把他的德語詞典藏起來。我記得，我逐漸對這個上鎖的箱子產生了興趣，總是想趁周圍沒人的時候打開這個箱子。精神分析師們可能很容易就會認為，我對這個上鎖的箱子如此癡迷，應該與小男孩的伊底帕斯議題有關：他對父母臥室裡的性祕密感到好奇。有一天，我終於打開了這個箱子，找到了那部德語詞典。詞典旁邊有另外一本書，正是佛洛伊德《性學三論》（*Three Essays on the Theory of Sexuality*, 1905d）的土耳其語版本。我認為父親不僅是在藏匿一部德語詞典，他也在阻止自己年輕的兒子瞭解與性有關的話題。後來，我便去弄清楚佛洛伊德是誰。我想，這個故事可以說明我是如何對精神分析產生興趣的。

在我出生的那一年，愛因斯坦（Albert Einstein）剛好五十三歲，而佛洛伊德已經七十六歲。第二年，也就是1933年，身在法國、時任猶太人保護組織（Organization for the Protection of Jewish Population, OZE）名譽主席的愛因斯坦，寫了一封信給當時的土耳其內閣總理（the president of the Cabinet of Ministers）。在這封信中，愛因斯坦要求土耳其當局「允許來自德國的四十位教授和醫生在土耳其繼續他們的科

研和醫學工作。因為受到德國現行法律的限制，上述人等無法再於德國開展相關的工作。這些人大多擁有豐富的閱歷、知識和科學勳績，如果能夠定居在一個新的國家，他們定會發揮重要的作用。」他們留在土耳其的第一年，將由猶太人保護組織為他們提供薪酬。這封信是這樣結尾的：「為了支持這項申請，我想冒昧表達我的希望，如果貴國政府能夠答應這一請求，這將不僅僅是一種高尚的人道主義行為，還將為貴國帶來利益。」

愛因斯坦的請求被送到了土耳其教育部，卻遭到了拒絕，土耳其教育部認為既有的狀況並不容許接受這樣一個不尋常的請求。

然而，新土耳其的領導人穆斯塔法·凱末爾（Mustafa Kemal），即後來較為人熟知的阿塔圖爾克（Atatürk），介入了這個事情，於是愛因斯坦的請求被接受了。當時，土耳其共

圖二：愛因斯坦寫給土耳其內閣總理的信。

和國從鄂圖曼帝國的灰燼之中誕生，才僅十年的時間，而且極度貧窮，但其實在愛因斯坦提出請求之前，就已經接收了一些德裔猶太學者。1933年，在愛因斯坦致信之後，就有三十名德裔猶太學者及其家屬來到了土耳其，最後另有一百九十名知識分子及其家人抵達土耳其。因此，最終而言，得到救助的生命超過了一千人（Reisman, 2006）。多年之後，當我在安卡拉大學攻讀醫學學位的時候，一些仍在安卡拉大學教書的德裔猶太教授便是在愛因斯坦來信之後逃難到土耳其的。這是我在人生之中第一次遇到猶太人，他們是另外一個大團體的成員，而這個大團體直接或間接遭到了納粹的迫害。

　　1959年，英國、希臘和土耳其三方參與的談判促使賽普勒斯共和國在隔年建立，任命一名希臘裔總統和一名土耳其裔副總統，各自經過選舉後任期為五年。英國的殖民統治結束了。內閣就此成立，包含七名希臘裔成員和三名土耳其裔成員，議會和所有的行政部門也保持七比三的成員比例。如上所述，在1963年12月之前，賽普勒斯的土耳其人散佈居住在多數人口的希臘人之間。然而，1963年12月21日，暴力事件爆發了。僅僅兩天多的時間，就有多達一百三十三名土耳其裔賽普勒斯人被希臘裔賽普勒斯人殺害，土耳其裔人士稱之為「血腥聖誕大屠殺」（Bloody Christmas Massacre）。在這個血腥聖誕期間，八千六百六十七名土耳其裔賽普勒斯人放棄了一百零三個村莊，逃入六處飛地避難，被迫生活在敵人的包圍之下。1963年12月至1964年夏，約有兩萬五千至三萬名土耳其裔賽普勒斯人在自己國家內部流離失所。在此期間，三百六十四名土耳其

人喪生，希臘人也有一百七十四人死亡。雙方都指控對方犯下了暴行。在最初的五年間，土耳其人不被允許離開這些被圍困的飛地，而這些飛地僅占據全島面積的百分之三，從某種意義而言，他們形同被囚禁在這些飛地裡面。一棟房子有時可能是十多個家庭的庇護所。在國內流離失所的土耳其人還沒有幸運到可以與那些住在洞穴和帳篷裡面的親人團聚。五年之後，他們被允許從一處被圍困的飛地遷移到另外一處飛地，一旦他們需要返回自己的聚集地，就不得不穿越希臘人居住區，遭受百般的羞辱。

直到1974年7月20日土耳其的軍隊登陸賽普勒斯島，賽普勒斯的土耳其人才體驗到「自由」的滋味。經過激烈的戰鬥，土耳其軍隊將整個賽普勒斯島一分為二，形成了北部的土耳其區和南部的希臘區。根據希臘方面提供的資訊，有六千名希臘人遭到殺害，三千人失蹤（Markides, 1977）。而土耳其方面

圖三：賽普勒斯地圖。上為土耳其區，下為希臘區。

則稱己方有一千五百人死亡，二千人受傷。約有十六萬賽普勒斯希臘人被迫遷往島嶼南部，而一直住在南部的賽普勒斯土耳其人則自願逃亡北部。雙方有許多人都遭受了嚴重的創傷。如今，賽普勒斯仍然分為北部的土耳其區和南部的希臘區。

當我在教堂山接受精神醫學訓練的時候，我主要的導師威爾弗雷德‧阿貝斯（Wilfred Abse）是一位從英國來到美國的猶太教授。他沒有直接受到猶太大屠殺的影響，我也不記得和他談論過猶太歷史。納粹對待猶太人的方式第一次對我造成重大的情感影響，是當我在教堂山醫院的住院部門，治療一位年輕男性的時候。他說自己有婚姻方面的問題，而且表現出憂鬱的症狀。在我們的會談之中，他經常會哭泣。我能夠看到他哭得相當厲害，但卻聽不見他哭泣的聲音。看著對方如此無聲地痛哭，是一件非常古怪的事。慢慢地我瞭解到，他的家人曾經躲藏在一個基督教家庭的閣樓裡面，而那戶人家位於納粹在歐洲的占領區。當時他還是嬰兒，只能睡在一個舊櫃子的抽屜裡面。有一天，納粹士兵進到屋子裡面搜查躲藏起來的猶太人。這個時候，嬰兒卻突然開始哭泣，父親立即用手搗住嬰兒的嘴，擔心納粹士兵可能會聽到他兒子的哭聲。當然，我的患者成年之後並不記得這個事情，但是在他成長的過程之中，家人們總是一遍又一遍地提及此事。我感覺到，為了拯救自己和妻子的性命而搗住嬰兒的嘴，讓患者的父親體驗到極大的內疚和羞恥。與這位年輕人工作，使我在情感層面與大屠殺的歷史連結了起來。

在我開始接受個人分析和精神分析訓練之際，我那在島嶼

上的家人和朋友正生活在尼科西亞一塊被敵人包圍的飛地裡。在美國並沒有太多關於他們可怕遭遇的資訊。我非常喜歡我的分析師，他是一位在業界擁有極高聲譽的猶太人。我記得當時的我很想知道，他的家人是否也經歷過可怕的創傷。幾十年後我感到懷疑，為何在我接受分析的那段日子，我們從未探討過我的家人在賽普勒斯飛地被敵人團團圍困的生活，以及他們的苦難在情感上對我造成的影響。是不是因為我的分析師遵循古典精神分析的方法，所以不太關注外部生活事件？或者，只要不去關注賽普勒斯的事件，他便可以逃避，不去面對社會的殘酷？

　　我在內心深處想像著我的家人和朋友生活在被圍困的飛地裡面，宛如生活在集中營裡的猶太人。然而，表達這些想法會讓我感到不好意思，因為猶太大屠殺是一種難以置信的巨大悲劇，不應該拿來與一小群人受到的迫害相提並論，何況這一小群人還有一個他們期盼會前來搭救的「祖國」就近在眼前。直到我接受的精神分析已結束多年之後，我才意識到自己是如何找到方法來處理自己情感層面的孤獨。我可以舉兩個例子：第一個例子是，我潛意識地選擇了複雜哀悼，作為最初的臨床研究主題（Volkan, 1972, 1981）。第二個例子是，我與另外一位精神分析師威廉·尼德蘭（William Niederland）建立起特殊的關係，他在倖存的內疚（Niederland, 1961, 1968）方面有著重要的貢獻。接著，我獲得了一個不尋常的機會，可以去研究衝突之中的大團體，從某種意義上來說，我就此發展出了一個新的生涯。

　　1977年11月19日，埃及總統沙達特（Anwar Sadat）訪問

以色列，參觀了以色列國會，並提出一個非常著名的說法，認為以色列人和阿拉伯人之間有一道「心牆」（psychological wall）——他說，是這堵牆造成了兩者之間百分之七十的問題。為回應這個說法，美國精神醫學學會的精神醫學與外交事務委員會（Committee on Psychiatry and Foreign Affairs；我也是成員之一）將有影響力的阿拉伯人和以色列人齊聚一堂，開展了為期六年的非官方對話，探究是否可以使這堵「牆」變得可以穿越。在這次經歷的基礎之上，我在維吉尼亞大學醫學院成立了心理與人類互動研究中心（Center for the Study of Mind and Human Interaction, CSMHI），與精神分析師、其他領域的心理衛生專家、前外交官、政治學家、歷史學家、一位環境學家、和一位語言學家一同工作。正如亞歷山大·米切利希（Alexander Mitscherlich, 1971）[1]所指出的，當精神分析師學會了以跨學科團隊的一員來進行工作時，他們可以發揮效用。我和CSMHI的跨學科團隊拜訪了世界上許多存在國際衝突的地區，讓敵對大團體的代表齊聚一堂，比如蘇聯人和美國人、俄羅斯人和愛沙尼亞人、克羅埃西亞人和波士尼亞人、喬治亞人、和南奧塞提亞人（South Ossetians）[2]、土耳其人和希臘人等等，開展長年的非官方對話。坐在沙發後面，與患者

1　【編註】：亞歷山大·米切利希（1908-1982）是德國精神分析師，曾擔任紐倫堡大審的觀察員，並在二戰後德國知識界論戰中扮演重要角色，引用精神分析思想來解釋德國納粹背後的因素及其對德國社會迄今的影響。與妻子著有《無力哀悼》（*The Inability to Mourn*, 1967，已有簡體中文版），探討戰後德國社會為何無法適當處理猶太大屠殺、戰爭罪等與二戰相關的創傷。

2　【編註】：南奧塞提亞原是蘇聯時期喬治亞的一個自治州。

在他們的內在世界一同「旅行」，這是一回事；而在敵對雙方的代表之間坐下來，看到他們有時對彼此表現出猛烈的攻擊性情緒，或者站在遭到嚴重創傷的人群之中，知道他們正在面臨真實而迫在眉睫的危險，則完全是另外一回事。我們的「非官方外交」手法後來漸漸以名為「樹模型」（Tree Model；Volkan, 1997, 1999a, 2006）的方法為人所知。在這些活動之中，我選擇希臘裔美國精神醫學家德米特利奧斯・朱利耶斯（Demetrios Julius）做為我的助理主任。他一直都是我最好的朋友之一。

我還研究了遭到創傷的社會，比如獨裁者恩維爾・霍查（Enver Hoxha）和尼古拉・希奧塞斯古（Nicolae Ceauşescu）倒臺之後的阿爾巴尼亞和羅馬尼亞，以及薩達姆・海珊（Saddam Hussein）的軍隊入侵之後的科威特（Volkan, 1988, 1997, 2004, 2006）等等。從1989年開始，我成為國際談判網絡（International Negotiation Network, INN）的成員，這個組織由美國前總統吉米・卡特（Jimmy Carter）所領導，我在這個組織裡面工作了十多年。除了卡特，我還會見過著名的政治或社會領袖，諸如前蘇聯總統戈巴契夫（Mikhail Gorbachev）、巴勒斯坦領袖阿拉法特（Yasser Arafat）、愛沙尼亞前總統阿諾德・呂特爾（Arnold Rüütel）和屠圖主教（Desmond Tutu）等人，並與他們共度一段時光。北賽普勒斯的第一任總統拉烏夫・登克塔什（Rauf Denktaş），也是我的朋友。

CSMHI將具有理論基礎和經過實踐證明而日益擴充的知

識，應用於諸如種族關係緊張、種族主義、國家認同、恐怖主義、社會創傷、代間傳遞、領導者－追隨者關係以及國家和國際衝突等其他議題。不過，精神分析的訓練並不能將一個人打造為政治分析專家。正是CSMHI的新職涯，才讓我有機會針對大團體心理學本身加以發展（Volkan, 2013）。2005年，也就是我從維吉尼亞大學退休三年之後，CSMHI關閉了。

2018年，我創立了國際對話倡議組織（International Dialogue Initiative, IDI）。IDI是一個私人的跨學科團體，由來自八個不同國家的精神分析師、學者、外交官、商界人士和其他專家組成，我們每兩年相聚一次，為社會衝突的研究和改善帶來具備豐富心理學知識的視角。我還會在本書其他部分詳細介紹IDI的工作。

在本書中，我會總結佛洛伊德關於大團體心理學的著作，概述其他同事的作品，並闡述我自己關於大團體心理學的概念。但在此之前，我想先講兩個童年時期的故事，我相信它們也推動著我研究這個主題。

第一個故事是關於，我其實是一個「替代兒童」（replacement child）。所謂替代兒童，是指個體的母親或者養育者潛意識地將某個死者的意象，放入了個體正在發展的自體表徵之中。生命中重要的成年人在某種程度上將新生兒視作已經死去的兄弟姊妹，或其他已經死去的重要個體，並將特定的心理任務交付給這個替代兒童（Ainslie & Solyom 1986; Cain & Cain 1964; Green & Solnit 1964; Legg & Sherick 1976; Poznanski 1972; Volkan & Ast 1997）。這些過程，大多是潛

意識地實行出來的。

當我的個人分析結束之後，我充分意識到了自己其實是一個替代兒童。而我成為替代兒童的故事，與鄂圖曼帝國和英國（United Kingdom）這兩個大團體之間的一項政治協議有關，這個協議將為賽普勒斯的歷史帶來戲劇性的變化。

1571年，賽普勒斯成為鄂圖曼帝國的領土。三百多年以後，也就是1878年，鄂圖曼的蘇丹阿卜杜勒·哈米德（Abdül Hamid）將賽普勒斯暫時移交給英國，以便在鄂圖曼與俄國的衝突之中獲得英國的支持。反過來，英國則要為這一特權支付十萬英鎊（Simmons, 2015）。第一次世界大戰期間，鄂圖曼帝國加入了同盟國。隨後，英國宣佈將賽普勒斯完全併入大英帝國。鄂圖曼帝國垮臺之後，新的土耳其共和國認可了英國對賽普勒斯的吞併。就這樣，賽普勒斯在島上無戰事的情況下，成為了英國的殖民地。

在我的成長過程之中，母親有時候會告訴孩子們，她的家族最初來自布爾薩（Bursa），在鄂圖曼帝國於1453年征服君士坦丁堡（伊斯坦堡）並將其作為首都之前，布爾薩是鄂圖曼帝國的第一個首都。關於母親的這種觀點，我沒有找到具體的證據。然而，母親家族的資訊可以追溯到我這一輩之前的五代。母親的高祖父叫做穆罕默德（Mehmet）。人們多稱呼他為哈希·穆罕默德（Haci Mehmet）。哈希（Haci）這個詞來源於阿拉伯語的 $hājj$（朝覲）。這個稱號專門用來賦予那些去過伊斯蘭教聖地麥加（Mecca）的穆斯林。在伊斯蘭教，一個穆斯林只要身體和經濟層面有能力，至少要去麥加朝

聖一趟。哈希・穆罕默德還有另外一個頭銜，叫做赫薩普克（Hesapker），意思是處理財務的人。據母親所說，他曾負責賽普勒斯在鄂圖曼時期的財務管理工作。再強調一次，我對這件事並沒有證據，但我小時候會想像母親的家族屬於鄂圖曼帝國的精英階層。哈希・穆罕默德的孫子，也就是我母親的祖父，被取名為奧默・沃米克（Ömer Vamık）。我們知道，他是尼科西亞的卡迪（Kadi，宗教法官）。他的妻子是家族的親戚，而她的祖先也是赫薩普克。他們住在尼科西亞的奧默格（Ömerge）區。他們是個富裕的家庭；擁有十四家商店，其中包括一家珠寶店。1974年，首都尼科西亞被分為希臘人和土耳其人兩個部分，如今的奧默格區屬於尼科西亞的希臘區。

　　我母親的祖父成為尼科西亞最後一個鄂圖曼時期的宗教法官。鄂圖曼蘇丹將這個島嶼「租借」給英國人之後，英國總督和他的人馬在1878年成為了島嶼的管理者，奧默・沃米克失去了自己顯赫的地位，被送往約四十八公里之外萊夫克鎮（Lefke）附近的一個村莊裡。我猜測，英國人派他去那個村莊和萊夫克執行一些宗教或法律事務。他的妻子澤赫拉（Zehra）沒有隨同丈夫離開尼科西亞前往萊夫克。當時，夫妻之間相隔四十八公里可是一段很遙遠的距離。母親的祖父在這個新的地方娶了另外一個女人。穆斯林最多可以擁有四位妻子。我長大之後，才知道我們家因為奧默・沃米克的第二段婚姻而在萊夫克有親戚。直到成人之後，我才見到了這些親人。彷彿我們才是奧默・沃米克法官最初的「優秀」後裔，而萊夫克那些人並不是。

我懷疑，我母親的父親（也就是奧默‧沃米克法官的兒子，我的外祖父）對自己的父親感到氣憤。他不去工作，靠著家裡的錢生活。他的妻子（也就是我的外祖母）也是穆罕默德赫薩普克的後裔。這個家族慢慢失去財富和聲望。最終，家族的商店都不復存在了。在接受個人分析之後，我開始慢慢意識到，我母親的某些行為模式反映出她試圖緊緊抓住家族過去的榮耀。例如，當她要嫁給我父親（一個村民）的時候，提出了一個條件：她絕對不洗髒衣服。嫁給我的父親之後，她真的沒有洗過衣服，即使他們雇請幫傭的錢很有限。我的母親還有另外一個觀念：我們的家人應當接受教育，並從事體面的工作。她自己是小學教師。當時，對一個穆斯林女性而言，實現這樣的事情是難能可貴的。英國人不允許已婚女性繼續擔任教師。因此，與父親訂婚之後，母親便要未來的丈夫等待三年之後再結婚。她想要至少擔任三年的教師，好讓大家都知道自己是受過良好教育的女性。

母親是家裡最大的孩子，她有三個手足，全部都是男孩。母親的大弟弟，名字便取自他的法官祖父奧默‧沃米克。高中畢業之後，母親的弟弟們便前往土耳其繼續接受教育。我的舅舅奧默‧沃米克在伊斯坦堡研讀工程的時候莫名失蹤了五十三天，然後人們在馬爾馬拉海（Sea of Marmara）發現了他的遺體。五年之後我出生了，並以他的名字為名，成為了新生的奧默‧沃米克。

之前，我提到了斯坦利‧奧利尼克（1980）的觀點，憂鬱的母親會在自願接受的孩子身上誘發出拯救幻想，這是孩子將

來成為精神分析師的強大動機。在我成長的過程之中，每到奧默．沃米克舅舅的忌日，我的外祖母和母親就會拿出舅舅生前的照片和存放在一個昏暗房間裡的遺物，比如襯衫或者課本。她們會撫摸著這些照片和遺物一邊哭泣。我的母親和外祖母並不憂鬱，但是她們經歷著一場無盡的哀悼。她們會告訴我，我的舅舅如何之聰穎和才華洋溢。他總是班裡的第一名。我的確還記得，我曾經仔細地看著舅舅的照片，比較我們倆的外貌，我便沉醉在我們倆長相相似的念頭裡。

我的母親和外祖母相信這樣一個幻想：工程學院的某些同學極其嫉妒聰明至極的舅舅，因而殺害了舅舅。有一張照片，上面是舅舅和他的六個朋友。在長大的過程之中，我經常幻想，這六個人就是殺害我舅舅的兇手。我從姊姊那裡得知，我們的外祖父曾經尋求過靈媒的幫助，以揭開他兒子的死亡之謎。靈媒告訴他，他的兒子是被「六個朋友」殺害的。沒有人曾經想過我舅舅有可能是自殺身亡的。也許，出人頭地和重振家族榮耀的壓力，正是他失去生命的原因之一。

多年之後，當我成為了精神分析師，我意識到自己是一個「替代兒童」。我填補了死去的舅舅的位置，然後又肩負起了一個心理任務，就是修復奧默．沃米克法官和家族因歷史事件（兩個大團體當權者所達成的一個政治協議）而受到創傷的形象。

接下來是我的第二個故事。不到兩歲的時候，我曾經被一個賽普勒斯的希臘女人綁架。我對這個事件毫無記憶。但在我成長過程之中，我的母親、兩位姊姊以及祖母總是會帶著一

些焦慮，一遍又一遍地向我講述這個事情。顯然，綁架事件發生的時候，我們家還住在奧默格區，但房子是租來的。母親把我放進一輛嬰兒車，要帶著我與我的祖母和兩個姊姊一同出門郊遊。她們把我留在敞開的前門口，然後全都回到屋裡去拿東西。等到她們再回到前門的時候，嬰兒車已經空空如也。她們意識到我不見了，立即恐慌起來。母親開始失聲尖叫。鄰居們，不管是土耳其人還是希臘人，都聚集起來，一起在附近尋找我。長日將盡的時候，人們在尼科西亞發電廠旁邊找到了我。我自己的理解是，綁架我的那個希臘女人其實有精神上的問題。她覺得我很「可愛」，產生了想要養個孩子的想法，所以就把我給偷走了。我記得，這個故事我在成長時期雖是聽了一遍又一遍，但我關注的焦點是那個希臘女人喜愛我，而且很想要我。我之所以會這樣，很有可能是為了不去感受大人們的焦慮。現在，我意識到，在童年時期幻想自己被另外一個種族所喜愛，一定對我投入敵對大團體的調和工作有所影響。

　　生於賽普勒斯，體驗到不同大團體之間的關係，害怕納粹的童年生活，以及我在此處講述的其他故事，為我參與解決大團體衝突，以及我針對大團體心理學本身的研究工作，提供了一個鮮活的實驗室（Atik, 2019）。

【第二章】大團體心理學

　　1921年，佛洛伊德發表了論文〈群體心理學與自我的分析〉（Group Psychology and the Analysis of the Ego）。他並不認為人們單純地聚集在一起就叫做團體，而是將種族、國家、宗教或專業組織描述為團體。繼古斯塔夫·勒龐（Gustave Le Bon, 1895）[1]關於團體心理的觀點之後，佛洛伊德關注的是個體在團體之中如何發展出新的經驗，比如失去獨特性、容易受到暗示等等。他把教會與軍隊進行了比較。雖然這兩種團體在許多面向迥然不同，但各自都有一個領袖人物（耶穌基督和總司令），以平等的關愛來統治和對待全體成員。團體的成員會將自己的領袖加以理想化，用佛洛伊德的話來講，因為他們「將同一客體放入他們的自我理想」，並「在他們的自我之中彼此認同」（1921c, p. 116）。

　　在更早期的一篇論文之中，佛洛伊德（1912-13）參考史前時代和現實之中從未觀察到的「原始部落」（primal horde）的概念，來描述圖騰崇拜和亂倫禁忌。在〈群體心理學與自我的分析〉之中，他將群體的形成與「原始部落」聯繫了起來，並寫道，群體的領袖正是「原始父親」。原始父親會阻止自己的兒子們滿足自身的性衝動。只有繼承者才有可能獲

1　【編註】：古斯塔夫·勒龐（1841-1931）是法國社會心理學家，以其群體心理研究而聞名，最重要著作為《烏合之眾：大眾心理研究》（*Psychologie des Foules*, 1895）。

得性滿足。顯然，佛洛伊德的興趣在於，群體對個體而言究竟意味著什麼，而個體作為群體的一員又有何種表現。而如果成員之間共同的聯繫不復存在，就會引發恐慌。佛洛伊德還指出，群體的歸屬感會使群體成員對陌生人產生偏見。羅伯特‧維爾德（Robert Waelder, 1936）[2] 則是最先提出，佛洛伊德描述的群體其實是退行的大團體。在本章的最後，我將會闡述大團體的退行。

　　從佛洛伊德開始，一些精神分析師就對大團體心理學產生了興趣。然而，和佛洛伊德一樣，他們主要還是關注大團體對個體的意義，比如伊底帕斯父親等等。在意識到孩子的心靈如果沒有與母親或養育者互動就不會進化之後，一些學者因此假設，群體成員會將他們所屬的大群體視為母性的自我理想，或是可以修復自戀受損的乳房母親（breast-mother）（例見Anzieu, 1971, 1984; Chasseguet-Smirgel, 1984; Kernberg, 1989, 2003a, 2003b）。然而，一直到了團體分析師（group analysts），才開始將焦點注重於社會文化因素對團體心理的焦慮模式所扮演的重要性（Foulkes, 1973; Hopper & Weinberg, 2011; Pines & Lipgar, 2002）。羅比‧弗萊德曼（2008）[3] 指

2　【編註】：羅伯特‧維爾德（1900-1967）是奧地利精神分析師，曾接受安娜‧佛洛伊德的訓練分析。他除了於1925年首度描述了自戀型人格之外，也因主張將精神分析理念應用於研究戰爭而著名，此方面著作有〈戰爭與和平的心理學面向〉（Psychological aspects of war and peace, 1929）。

3　【編註】：羅比‧弗萊德曼（Robi Friedman）是臨床心理學家、團體分析師，現任國際對話倡議組織的副主任，並在以色列海法大學任教，曾參與一場西方與伊斯蘭的對話。對夢的述說和關係失調有專門的研究，在世界各地舉辦與之相關的工作坊，包括在中國有一群長期跟他學習的團體治療師。

出，人們與他們形成的群集是相互關聯的。他還補充說道，夢想既是心靈與社會共同的創造物，也是心靈與社會的創造者。

在文獻資料之中，「團體」或「大團體」等術語一直都指涉著多種情境。例如，這些術語可以用於描述那些聚集在一起接受治療的人們；或來自不同種族背景的人們，聚集在一起討論彼此之間的差異；或描述專業組織或國家的成員。在本書的第一章中，我闡述了我使用「大團體」這個術語時的含義，以及大團體心理學本身是什麼。

在本章，我會闡述與大團體心理學本身有關的概念，並舉例說明這些概念。這些例子源自於不同的國家和地區。

過去，當我描述由大團體引發的創傷性攻擊事件時，在某些情況下，我會收到一些同行的反饋。他們會向我表達失望的情緒，這些同行都是這些大團體的成員。他們覺得，我是在故意對他們的種族或國家認同發表侮辱性的言論。比如，我研究並發表了塞爾維亞在米洛塞維奇（Slobodan Milošević）領導之下所發生的事情（Volkan, 1996. 1997），塞爾維亞的一位同行便一直指責我是塞爾維亞人民的公敵，因為我有土耳其背景。我曾經參與將土耳其具有影響力的知識分子、軍隊和庫德人代表聚集起來，包括被監禁的庫德工人黨（Partiya Karkerên Kurdistanê, PKK）領袖阿卜杜拉·奧賈蘭（Abdullah Öcalan）的親密夥伴，尋求以和平的方式解決土耳其境內所謂的「庫德族問題」（Volkan, 2013）。有人便嚴厲地指責我，說我與土耳其人作對，或與庫德人作對。

首先，我想說明的是，人們和大團體兩者的攻擊性或力比

多投入，在世界上任何一個地方都是一樣的；它們可能是「正常的」，或者有時候被嚴重地誇大了。我舉出我所研究的事件做為範例，以說明我從中得到的發現。但這並不意味我故意選擇某個特定的大團體來羞辱。其次，我始終都秉持著自己的精神分析身分來處理大團體衝突。我（或者我們團隊的其他成員）不會提出解決方案；我只是嘗試找到一些方法，幫助大團體的代表們自己想出解決的方案。

大團體身分認同

從長達數十年於國際場合的行動中，我瞭解到，在政治、經濟和法律議題等可見因素的背後，引發大團體衝突並使之持續存在的核心心理因素，乃是保護和維繫大團體身分認同。在工作之際，我會聽到一些說法用以表達這種大團體身分認同的主觀體驗，諸如「我們是賽普勒斯土耳其人」、「我們是巴勒斯坦人」、「我們是立陶宛猶太人」、「我們是生活在愛沙尼亞的俄羅斯人」、「我們是克羅埃西亞人」、「我們是希臘人」、「我們是共產主義者」、「我們是遜尼派穆斯林」等等。

身分認同不同於可以被他人觀察和感知到的性格與人格；身分認同指的是個體內在的運作模式：感知並經驗到這個身分認同的人是這個當事者，而不是局外人。德裔美籍發展心理學家艾瑞克·艾瑞克森（Erik Erikson, 1956）將童年以來慢慢演變而成的**個體身分認同**的主觀體驗，定義為一種個體內在的相

同感，同時又與其他個體具有某些共同特徵。印裔美籍心理分析師薩爾曼・阿赫塔爾（Salman Akhtar, 1992, 1999）寫道，內在相同性的持續感受，會伴隨著自體體驗（self-experience）在時間層面的連續性：過去、現在與未來被整合入一個讓個體記住、感受和期待的存在所構成的流暢連續體之中。他還描述到個體的身分認同如何與現實的身體意象以及內在的凝聚感聯繫起來，和獨處的能力和清楚自己性別的能力是有何關聯，與諸如國家、種族或宗教等大團體身分認同又是如何聯繫起來的。

個人歸屬於某一個大團體的身分認同，是人類存在的一部分。在部落、種族、國家、宗教和意識形態的層次上的大團體身分認同，是普遍存在於世界各地的。它們是有著共同起源、歷史連續性和地域現實的神話與事實，以及共同的文化、語言、宗教和意識形態因素，最後交融所產生的結果。環境之中的現有條件引導著孩童們，投身於這種或那種的大團體歸屬感。例如，出生於印度海德拉巴（Hyderabad）的孩子，在發展大團體認同時會特別關注宗教或文化問題，因為那裡的成年人根據宗教的歸屬，定義了他們主要的大團體認同：是穆斯林還是印度教徒（Kakar, 1996）。賽普勒斯的孩子，如果出生於賽普勒斯土耳其人和賽普勒斯希臘人激烈衝突的時期，他們便會吸收由種族或民族情緒所定義的較強勢的大團體認同，因為在這個世界角落的那一時刻，比較要緊的是一個人究竟是希臘人還是土耳其人，而不是在意一個人究竟是希臘東正教基督徒，還是遜尼派穆斯林（Volkan, 1979a）。

　　有些孩子的父母分屬於兩個不同的種族或宗教大團體。如果這兩個大團體之間爆發國際衝突，這些孩子可能會出現心理問題，甚至成年之後亦然。蘇聯解體之後，在喬治亞共和國裡，喬治亞人和南奧塞提亞人之間的戰爭特別使「混血」後裔的個體感到困惑，心理層面也備受苦惱。在特蘭西瓦尼亞（Transylvania），羅馬尼亞和匈牙利通婚所生的孩子在這兩個大團體彼此敵意開始激化的時候，也有這樣的情況。

「自家人」的心理生物學潛能

　　最近幾十年的科學研究顯示，人類嬰兒的心靈是相當活躍的，而且在孩童生命的最初幾個月和幾年裡，存在著一種「自家人」（we-ness）和偏愛同類的心理生物學（psychobiology）潛能（Bloom, 2010; Emde, 1991; Greenspan, 1989; Lehtonen, 2003; Purhonen. Kilpeläinen-Lees, Valkonen-Korhonen, Karhu, & Lehtonen, 2005; Stern, 1985）。我必須補充的是，這種「自家人」有其侷限，因為嬰孩或者孩童的經驗是有限的。隨著時間的推移，孩童們開始能夠將自己的心智意象，與熟悉的他人（比如母親）意象區分開來，將兩種意象的不同面向，諸如愉快與不愉快的，或者力比多的和攻擊性的面向，加以整合起來（Kernberg, 1976; Mahler, 1968; Mahler, Pine, & Bergman, 1975; Volkan, 1976）。幼小兒童在二十四個月到三十六個月大的時候，對文化／社會的放大器（amplifiers）——也就是只和某個特定大團體相關連的象徵和

符號，不論具體或抽象——便會有所察覺了。

認同

　　當孩子能夠將自己的意象與親密他人的意象這兩者加以分離並進行整合的時候，他們便認同了這些重要個體身上一系列現實的、幻想出來的、受到寄望的或者令人恐懼的元素。這種認同還包括具體以及抽象的大團體身分標記，比如語言、童謠與其他文化放大器，還有宗教和政治信仰，以及歷史意象等等。很久以前佛洛伊德（1940a）就已經指出，對孩童而言，父母象徵著更大的社會。這包括了孩童會認同父母以及其他重要人物對大他者（Others）的偏見，無論這些偏見是善意的，還是敵意的。

沉積

　　在「認同」的過程之中，孩童是主要的行動者，他們從周邊的環境之中收集意象、看法、偏見以及各種各樣的心理任務，並使得這些事物成為他們的一部分。孩童也會成為沉積意象（deposited images）的儲存庫，並且會發展出各種各樣的心理任務，來應對這些沉積下來的意象，他們應對的方式有可能是適應不良的，也可能是富有創造性的。在「沉積」的過程之中，正是孩童生活之中的成年人，潛意識地感到有需要將某些事物置入孩童的心靈。作為一個替代兒童，我自己的自體表

徵除了包含我外祖母和母親內心關於我亡故舅舅的意象之外，也包括鄂圖曼時期與我同名的重要人物之意象，以及修復這個意象的心理任務。關於沉積，我在之前的作品中還列舉過其他的例子（Volkan, 1988, 2013. 2014a; Volkan, Ast, & Greer, 2002）。

心理DNA

當成千上萬的兒童成為同樣或類似的沉積意象及心理任務的接收者，他們便開始享有共同的「心理DNA」。例如，經歷了敵對團體所施加的集體禍患之後，受到影響的個體會留下類似（儘管並不完全一致）的自體意象，上面留存著重大事件所帶來的創傷。許多個體會將這些意象沉積在孩子的內心，並交給他們諸如此類的任務：「為我重拾我的自尊」、「讓我的哀悼過程走上正軌」、「堅定信念進行報復」，或者「永遠不要忘記，永遠保持警惕」。儘管下一代的每一個孩童都擁有自己個別的身分，但都與同樣的巨大創傷意象有類似的連結，而為了應對這種創傷，他們也擁有了相似的潛意識任務。如果下一代不能有效地完成他們共同的任務（常常如此），他們會將這些任務傳遞給第三代，以此類推。這樣的狀況在成千上萬的人們之間創造了一個強大的隱形網絡。沉積，還包括針對陌生的大他者（陌生人），傳遞各種存有偏見的元素。

共同的偏見

　　勒內・斯皮茨（Renè Spitz, 1965）的研究告訴我們，嬰兒可以辨識出圍繞在身邊的面孔並非都是他們的養育者。斯皮茨將自己的發現命名為「陌生人焦慮」，這種焦慮在六至十二個月時達到高峰，它與「正常」偏見的啟動也存在關聯。亨利・帕倫斯（Henry Parens, 1979）提醒我們，偏見並不是與生俱來的。帕倫斯告訴我們，在正常的發展過程之中，每一個新生兒都會經歷某些強制性的適應反應，使得孩童傾向於發展出偏見，孩童便由此懷有了偏見。[4] 我提出的術語「適合外化的目標」（suitable targets for externalization），其所要描述的是，孩童們會整合自身未經修補的意象，在達到高峰時，他們會在經驗之中瞭解到其他大團體的存在，並發展出共同的偏見（Volkan, 1988）。

適合外化的目標

　　讓我們回到我在賽普勒斯的童年時代。請大家想像一下，三歲的我正在賽普勒斯的一個希臘農場旁邊野餐，那裡的豬滿

4　【編註】：勒內・斯皮茨（1887-1974）是奧地利裔美籍精神分析師，以分析住院嬰幼兒而聞名，對自我心理學有卓著貢獻。亨利・帕倫斯（1928-）是湯瑪斯・傑佛遜大學精神醫學教授，身為猶太大屠殺倖存者的經歷促使他研究攻擊行為的可塑性，著重在以精神分析的方法去理解並治療攻擊行為，認為可以藉由教導照顧者在孩童出現攻擊性之時用恰當方式來因應，從而提升孩童管理自身攻擊性的能力，他因此於2019年獲得瑪麗・西格妮獎。

地亂跑。再想像一下，我想要試著碰觸與撫摸一頭小豬。我那穆斯林的祖母一定會強烈反對我的行為。對土耳其穆斯林來說，豬是「骯髒」的。作為一個文化／社會放大器，豬並不屬於土耳其大團體，牠屬於希臘人。三歲的時候，我仍然有一些未整合的自體意象和內在客體意象。此刻，在賽普勒斯的希臘農場，我找到了一個合適的目標，來放置我不想要的、受到嚴重汙染的、未整合的「壞的」自體意象及客體意象。因為我是穆斯林的孩子，所以我不食用豬肉，因此，具體來講，我外化到豬這個意象之中的東西，是不會被重新內化的。幾乎每一個賽普勒斯的土耳其孩子都會選擇相同的目標，他們便對陌生的大他者有了共同的預期（precursor），並投以相似的偏見。

　　一個蘇格蘭男孩會慢慢意識到，蘇格蘭短褶裙或風笛與蘇格蘭人之間的聯繫。這些事物會成為他未整合的「好的」意象之儲存庫。而他與其他所有的蘇格蘭男孩共同有著這種經歷。

　　孩童會使用各種各樣的文化／社會放大器，比如特殊的食物、旗幟的顏色、教堂、清真寺、猶太會堂、屬於他們大團體或大他者的英雄圖畫，將其作為合適的外化目標，來放置他們「好」和「壞」的未整合意象。複雜的思想、感知、情感以及關於陌生大他者的歷史知識，是很晚的時候才發展出來的，孩童們無法意識到，他們透過經驗瞭解到的大他者象徵，可以幫助他們迴避自身的客體關係所帶來的張力。

　　孩童一旦開始利用共同的適合外化的目標，他或她在經驗方面便開始放棄成為一個博學通才（generalist）。此刻的孩童，對於自身歸屬於某個特定的大團體便有了更為堅定的感

覺，並更堅定地將自己與共同的陌生大他者區分了開來。

我們每個人都有偏見，這些偏見有可能是無害的，但也可能由於所經歷的各種各樣生活事件而變得懷有敵意，甚至是惡意。當人們存有了惡意的偏見，一些個體便會殺死其他的人類。在此，我想強調的是，「適合外化的目標」這個概念指的是發展出共同的陌生人焦慮，並且在大團體的層次創造出共同的偏見。同樣地，共同的偏見可能會保持在無害的狀態，也可能會變得具有敵意或惡意。

第二次個體化

在經歷青春期通道的時候，個體會潛意識地回顧自己在童年時期對熟悉的大他者所抱有的依戀。這導致了青少年的「第二次個體化」。彼得・布羅斯（Peter Blos, 1962, 1967）[5] 認為，堅定的個人認同和性別認同感受會在經歷青春期通道期間變得明確而具體。我則要補充：在青春期，個體在童年時期發展起來的大團體認同，也成為最終的認同（Volkan, 1997, 2004）。

受到青少年期和成年期生活環境的影響——比如，個體在青春期晚期或成年早期的時候，移民至另外一個國家定居——

5　【編註】：彼得・布羅斯（1904-1997）是德裔美籍精神分析師，率先以系統方法研究兒童與青少年的心理發展。與艾瑞克・艾瑞克森高中時期就成為好友，一起在安娜・佛洛伊德經營的學校擔任老師，同樣接受她的分析，日後並彼此密切合作。其著作《論青春期》（*On Adolescence: A Psychoanalytic Interpretation*, 1962）是該領域的重要基石，至今仍廣受研讀。

個體可能會否認或壓抑他們對自己童年時期發展起來的大團體認同的投入，但是這種大團體認同還是會在陰影之中保持「鮮活」。作為一名自願移民者，我發展出了美國人的認同。然而，我還是可以意識到自己的賽普勒斯土耳其人認同。不論是自願或被迫的移民者，如果能夠發展出穩定的雙重文化觀，他們的生活會過得更為舒坦一些。

他者

艾瑞克·艾瑞克森（1956）提出一個理論，認為原始人之所以會身著動物的毛皮、羽毛或爪子，是想用這種方法來保護自己沒有耐受力的赤身裸體。在這些外在覆蓋物的基礎下，每一個部落或氏族開始發展出自己的共同認同感，以及認為單憑這認同就可以安置自己身分的信念。艾瑞克森認為，人類已經演化成為「**偽物種**」（*pseudo species*），比如部落或者氏族，表現得好像是獨立的物種一般。這種假設，在許多關於大他者的古代文獻和語言之中，可以得到支持。阿帕契印地安人（Apache Indians）認為他們自己是人（indeh），而其他所有人則都是**仇敵**（indah）（Boyer, 1986）。古代的中國人視自己為人（people），將大他者看作**鬼**（keui）或者「進行捕獵的鬼魂」。居住在巴西雨林的蒙杜魯庫人（Mundurucu）將他們的世界劃分為屬於人的蒙杜魯庫，和屬於帕里瓦特（pariwat，即敵人）的非蒙杜魯庫，但排除掉某些他們認為算是友善的鄰居（Murphy, 1957）。只將自身看作是「人」

的大團體，我還可以舉出其他一些例子，比如蘇丹的丁卡人（Sudanese Dinka；這個群體的名字可以翻譯為「人」）、努爾人（Nuer；「原初的人」）和北極的尤匹克人（Yupik；「真正的人」）（Harari, 2014）。

我們還可以進一步地拓展艾瑞克森的觀點。彼此鄰近的原始團體之間為了生存，必須爭奪領土、食物、性和物品。我們可以想像，這種競爭最終會承擔起較屬於心理層面的影響。物質的必需品除去其作為真正的需要之外，也在吸收或產生著心理意義，比如：競爭、聲望、榮譽、權力、嫉妒、報復、羞辱、屈服、悲傷和哀悼等等。其中一些物質必需品便發展成為大團體的文化／社會放大器，如同一面旗幟或者一首歌謠那樣，而且與歷史記憶、宗教、共同的自戀和大團體認同聯繫在一起。

鄰居心理

幾個世紀以來，由於自然所形成的邊界，每一個部落都只能與緊鄰的其他部落相互來往。但在現代世界，即使實際上並非緊密相距，大團體也會發展出一種類似鄰居的心理。例如，北韓的導彈和美國海軍在黃海或日本海的活動，使得美國與北韓就心理層面來說成為了鄰居（Suistola & Volkan, 2017; Volkan, 1988, 1997）。在我寫這本書的時候，美國和伊朗表現得仿若兩個比鄰而居的對手。

無論在地球的哪個角落，大團體在發展自身的認同和賦予

鄰居一個身分認同的過程中，以及在建立敵人或盟友的過程中，鄰居心理一直都是核心的問題。

樹敵與結盟的需要

處於前伊底帕斯期的孩童，會將這些屬於力比多的共同而未整合之「好的」意象，朝向同一個適合外化的目標加以外化，這就是他們需要擁有社會盟友的開始。他們將攻擊性賦予共同而未整合的「壞的」意象，並將其外化，迫使大團體的成員擁有了社會的敵人。

大團體會如同個體一般出現競爭，就像公園裡面玩耍的孩童們一般。一個永恆的問題是：誰才是對的一方？更強壯、更聰明、更文明、更漂亮，就是比較好的那一方嗎？在這種競爭光譜的一端，情況有點類似奧運會，比賽是公開而善意的（1972年的慕尼黑奧運會是個例外，當時一群巴勒斯坦恐怖份子殺死了兩名以色列運動員，並劫持了九名人質）。然而在這個光譜的另外一端，競爭會導致破壞性的企圖——有時是祕密進行，有時是公開的——在追求優越地位的活動之中，同時也摧毀敵人獲得的機會。

敵對大團體之間的相似性和心理鴻溝的必要性

當敵對大團體處於競爭之中，就會有兩個隱藏的原則在發揮作用。自相矛盾的是，第一個原則涉及到敵對大團體之間具

有相似性的觀點。因為我們的敵人無論如何之真實，都是讓我們將不想要的自己投射外化而放進去的儲存庫，他們在某種程度上被潛意識地視為和我們類似的人。在意識層面上，他們不可能和我們一樣，因為他們含有我們不想要的部分，我們對這些特徵有著強烈的排斥。

第二個原則關係到我所說的敵對大團體之間的心理鴻溝。儘管這種鴻溝讓敵對雙方保持著一定距離，但也促使他們在意識與潛意識層級上都形成一種持續的關係，因為雙方都試圖控制這個鴻溝。在這種情形之下，儘管敵對雙方都強調彼此的差異，但他們有著共同的理由。假若一個國家正在與另外一個國家發生衝突，只要翻開他們每天的報紙，我們便會發現，占據更多版面的是自己的敵人，而非盟友。

帳篷隱喻

當我提到對敵人與盟友的需要時，聽起來似乎大團體之內的每一個人都對大他者有著相同的看法和感受。事實上，在每一個國家，相較於那些擁有政治或軍事權威的人，很多個體在不同程度都有著不同的想法與感受。然而，當國與國之間發生衝突的時候，許多學者和記者談論國家的方式便開始變得好像每個國家都是單一個體似的，除非當時國家內部存在著明顯可見的政治或社會分裂。透過帳篷這個隱喻，可以充分的說明我們為何傾向於將大團體說成是一個單一的個體。

我們可以將古典佛洛伊德學派的大團體理論，想像成圍立

在五朔節巨大花柱周圍的人們，而花柱便象徵著團體領袖。大團體成員圍著花柱／領袖跳舞，彼此認同，將領袖加以理想化，並且試圖認同領袖。我對這個花柱隱喻進一步擴展，想像有一塊帆布從花柱延伸出來，蓋住所有的人，形成了一個巨大的帳篷（Volkan, 1992）。

現在，讓我們思考一下，我們如何從孩童時代開始學會接受兩層觀念，就像穿上兩件衣服那樣。第一層，也就是個體層，它就像貼身的衣服一般與我們貼合。它是核心的個人認同，為個體提供一種內在持續的相同感（sameness）。從個體心理學的角度來看，第二層就是帳篷的帆布，它可以被感知為一個乳房－母親，而花柱則是伊底帕斯父親的象徵。從大團體心理學的角度而言，帳篷的帆布象徵著大團體認同，為成千上萬的人們所共有，也包括政治領袖（花柱）在內，而領袖的主要任務就是讓帳篷保持豎立，以及保護並維繫大團體認同。

每個帳篷都被相鄰的帳篷所包圍，但是繡在大團體帳篷帆布上的圖案卻各不相同。當我們闡述大團體之間的關係時，我們常常提到的是帳篷的名稱，比如加泰隆尼亞人、日本人或穆斯林等，而不會專注在帳篷之下成千上萬個可能有著不同個人意見的人們。

大團體衝突之中適合外化的目標

當感受到壓力的時候，比如說戰爭發生或近似戰爭的處境，大團體帳篷之下的成年人會恢復成他們最初將彼此聯繫起

來的幼稚方式，開始尋求抽象或具體的項目來作為適合外化的目標。在真實的狀況下，他們可能尋找非生命或非人類的客體，來作為極度重要的標識。我來舉兩個例子：

> 當賽普勒斯土耳其人生活在被賽普勒斯希臘人包圍
> 的飛地之中承受次等人類的條件時，他們轉向了一種
> 共同的愛好──飼養長尾小鸚鵡（長尾小鸚鵡並不是
> 賽普勒斯的本土鳥類）。在人們的家裡或者雜貨店裡，
> 到處都有關在籠子裡的長尾小鸚鵡，數量達到成千上
> 萬。牠們象徵著賽普勒斯土耳其人被囚禁和貧苦的自體
> （selves）。這個大團體照顧著籠中之鳥，反過來在潛意
> 識層面則維持著一種錯覺：他們自己也得到了照顧。這
> 就是他們為何可以在心理層面熬過那十一年異常艱苦歲
> 月的方式。（Volkan, 1979a）

1981年，美國精神醫學學會的委員會在瑞士主辦了一場以色列人與埃及人之間的會議，我以協調人的身分出席。破天荒地，巴勒斯坦人也出席參與了。在一次小組會議上，一個聰明而成熟的巴勒斯坦人坐在一位以色列將軍旁邊，這位將軍曾經是占領區的負責人。在中立國裡，與一位以色列的大人物平起平坐，對他來說恐怕是相當困難，似乎因此而出現了退行。在會議進行的某一時刻，他的情緒突然激動起來，告訴我們說，我們對他可以做出更多的事，但我們永遠無法剝奪他精神力量的來源。他繼續說道，只要他口袋裡面還帶著某個非生命的物

品，他就可以忍受死亡的威脅，但絕不會放棄自己的巴勒斯坦認同（Volkan, 2013）。這個事件之後，我研究了加薩走廊（Gaza Strip）這些極為重要的非生命標識。幾乎所有的巴勒斯坦人都知道它們的存在，也都會使用它們。它們由一些小石頭製作而成，上面塗著巴勒斯坦民族特有的色彩。這些石頭為他們提供了一個種族和民族的共同容器。

共同的笑話

經歷過重大創傷之後，通常就會流傳一些共同的笑話。1985年，墨西哥發生了一場毀滅性的地震，導致約一萬人遇難，而首都遭到重創時，墨西哥人會問：「甜甜圈和墨西哥城有什麼相似之處？」答案是：甜甜圈和墨西哥城的中間部分都不見了。如果人們會拿自己失去的東西來開玩笑，說明這個大團體的成員未來終究會克服共同的創傷。笑聲逆轉了悲傷的情感，幫助倖存者卸下情緒，確認自己還活著，並藉由否認來應對自身的倖存內疚。

如果災難是由大他者所致，隨後流傳的笑話就會有所不同。這種情況下，人們不會拿自己的死亡和失去的事物開玩笑。他們會在笑話之中直接指出敵人的「壞」。例如，當我研究海珊入侵科威特之後的科威特社會時，我注意到，大多數笑話都會提到，伊拉克士兵無法區分可以吃的動物（如羔羊）與動物園裡不可以吃的動物（如老虎）。入侵者被描繪成為愚蠢的個體。從表面上來看，貶低敵人會增加受害大團體的共同自

戀。但仔細觀察，我們就可以發現受害者的羞恥和退化。顯然，入侵的伊拉克士兵打開了科威特城動物園的籠子。他們強姦科威特婦女，並將其中數名女性裸著身體關進了籠中。這個故事是真是假並不重要。重要的是，科威特人相信這種悔辱自尊的事情的確發生了。動物園笑話帶來的笑聲，其實深深表達著人們想要否認或逆轉大團體認同受到的侮辱。科威特的年輕男性將婦女受辱事件的相關念頭概括到所有人身上，因此，有一段時間，他們想要推遲婚約，因為他們（潛意識地）認為他們要娶回家的女人也是遭受過強姦的女人。重大創傷之後，最初的笑話所具有的性質可以提供我們某些跡象，說明這個大團體在長期的時間之內會如何恢復。

代間傳遞

　　第二次世界大戰期間，安娜·佛洛伊德與多蘿西·伯林翰（Dorothy Burlingham, 1942）以及後來的其他精神分析師，比如瑪格麗特·馬勒（Margaret Mahler, 1968）等[6]，都描述了母親（養育者）與孩子雙方的心理邊界之間具有流動性，而母親對外部世界的焦慮、潛意識幻想、感知和期待，包括與自己孩子有關的一切，是可以傳入孩童們正在發展的自體感。我們也知道，成長過程中的孩童與父母的關係裡，兩者之間的心理

6　【編註】：多蘿西·伯林翰（1891-1979）是美國兒童精神分析師暨教育家，與安娜·佛洛伊德是畢生好友與工作夥伴。瑪格麗特·馬勒（1897-1985）是匈牙利精神分析師，研究兒童發展，提出分離－個體化理論。

邊界是可以滲透的，或者兩個成年個體的關係中，如果彼此的對待是急速而劇烈的退行、甚至只是部分退行的話，兩者間的心理邊界也會是如此。

　　賽普勒斯土耳其人被團團圍困在飛地之中，生活在充滿垃圾的可怕處境整整十一年之後，在1974年終於獲得了自由。然而，他們繼續讓自己周遭的環境維持著髒亂的狀況，把空瓶子和食品包裝袋扔到鄰居家的花園，或者開車外出的時候扔在高速公路上。四年前，我被任命為北賽普勒斯總統委員會「保持清潔」（Think Clean）的榮譽主席。我認為，北賽普勒斯難以保持環境衛生，與人們接受了被傳遞下來的飛地生活環境極端髒亂的「記憶」有關。我把我的觀察結果告訴了委員會的成員。北賽普勒斯的這種情形現在已經逐漸好轉。

　　最重要的代間傳遞方式發生在沉積的過程之中。舒岑伯格（Anne Ancelin Schützenberger）的「祖先症候群」（ancestor syndrome，1998）、凱斯騰伯格（Judith Kestenberg）的術語「代間移調」（transgenerational transposition，1982）、菲姆伯格（Haydée Faimberg）對「代代堆疊」（the telescoping of generations，2005）的描述[7]，以及其他很多精神分析師討論大屠殺相關意象與自我功能的代間傳遞之作品（例見 Brenner, 2014, 2019; Kogan, 1995; Laub & Podell, 1997; Volkan. Ast, &

7　【編註】：舒岑伯格（1919-2018）是法國家譜心理學家。凱斯騰伯格（1910-1999）是兒童精神分析師，創建凱森柏格動作剪影（Kestenberg Movement Profile），從身體動作模式描繪出心理輪廓。菲姆伯格是法國精神分析學會的訓練及督導分析師，2013年獲頒西格妮獎。

Greer, 2002），都提到了沉積。

　　將受到創傷的意象以及心理任務傳遞給下一代，與受到創傷的個體難以哀悼，有著密切的關聯。如果喪失伴隨著創傷性的事件，哀悼就會變得複雜起來，因為哀悼者必須應對隨之而來的種種感受，比如無助、恥辱、狂怒、攻擊性、報復或享受被虐待的想法。這便造成一種棘手的心理狀況，哀悼者可能會潛意識地將哀悼的任務傳遞給自己的後代，還伴隨著與最初的創傷相連結的意象，以及其他應對這些意象的任務。加害者的後代也可能會出現相似的過程。行兇者的後代更為關注的是共同的內疚感帶來的後果，而不是共同的無助感。受害與加害這兩個大團體有著共同的重大困難：無力哀悼。

哀悼

　　哀悼的發生，是因為人類的心靈不允許沒有經過內在掙扎便接受重大喪失的事實。當我說到哀悼的時候，我並不是指處於震驚和（或）痛苦狀態之中的「急性悲慟」（acute grief）的人們，他們可能經歷著咒罵、沮喪、憤怒、麻木與退縮的感受。把遺體真的埋葬了，或將家人居住的房子焚燒殆盡，都不能抹除哀悼者心中對這些失去的實體所保有的心理意象。哀悼者將與這些意象繼續在內在保持著聯繫。哀悼是一個緩慢的過程，我們會在內心深處反覆回顧自己與逝者或逝物之間或真實或渴望的關係，甚至是令人恐懼的關係，直到我們在情感層面接受了這個喪失或已經改變的現實（Freud, 1917e）。

這時間大約要經過一年（如果沒有其他的合併問題），逝者或逝物不再完全地占據哀悼者的心靈之後，個體「正常」的哀悼便會完全告一段落。逝者（或逝物）的心理表徵（意象的集合）變成了「與未來無關」的事物（Tähkä, 1984）。例如，一位女性不再幻想死去多年的丈夫可以給她帶來性快感。或者，一個男性不再渴望自己能夠在多年前已遭辭退的工作崗位上指揮自己的下屬。在一些特殊的場合，例如忌日，喪失的客體之心理意象可能會暫時被啟動。

哀悼所導致的一個後果是，人們會對喪失的客體之心理意象出現「健康」而具有選擇性的認同。這會使得哀悼者的自體表徵變得更為豐富，因為原先逝者或逝物為哀悼者所做的事，現在可以由哀悼者自己來掌握與執行了。

當哀悼者「完全」（in toto）認同（Ritvo & Solnit, 1958, p. 70）逝者的心理表徵時，便會產生非常不同的後果。這種不加選擇的認同會帶來問題，因為哀悼者對逝者或逝物身上被愛與被恨的面向或功能都予以認同。以前針對逝者心理表徵的矛盾、爭鬥情緒，如今卻變成針對哀悼者自身的矛盾，從而開啟了內在的爭鬥。哀悼者會感到憂鬱（Freud, 1917e）。當喪失伴隨著創傷事件、恥辱與無助感，哀悼者就有可能會成為漫長的（perennial）哀悼者。

漫長的哀悼、連結性客體和連結性現象

大多數漫長的哀悼者會使用某些無生命的物品（也會使用

有生命的客體，比如寵物，但很少見），比如某張特殊的照片，來象徵逝者或逝物的客體表徵和哀悼者與之對應的自體表徵之間的交匯點（meeting ground）。我將這種客體稱為**連結性客體**（linking objects）（Volkan, 1981; Volkan & Zintl, 1993）。哀悼者會從自己身處的環境之中「挑選」各種各樣可得的物品，當作連結性客體。連結性客體可能是死者的個人所有物，通常是死者經常配戴或使用的物品，比如手錶。死者生前送給哀悼者的禮物，或者士兵在陣亡前寫給哀悼者的信件，都會成為連結性客體。此外，在哀悼者得知死亡消息或看到遺體的時刻，他們手邊的一些物品，我稱之為「最終時刻的客體」（last minute objects）。它們都聯繫著亡故者依然被認為是活著的最後一刻。

　　一旦某件物品真的演變為連結性客體，漫長的哀悼者會覺得它是「神奇」之物。哀悼者可能會將連結性客體藏起來，但又需要知道它的下落；連結性客體必須得到保護，並受到控制。相較於有生命的事物，我們更容易操縱那些非生命的物品，因此，大部分連結性客體是非生命的物品。如果丟失了連結性客體，漫長的哀悼者會感到焦慮，而且常常很嚴重。

　　透過創造連結性客體或連結性現象，漫長的哀悼者便對哀悼過程之中的複雜性進行了某種「調整」；哀悼者使哀悼過程變得「永無止盡」，從而不用去面對自己與死者之客體表徵兩者之間的關係所存在的衝突。藉由連結性客體的掌控，漫長的哀悼者控制著自己想要「喚回」（愛）或「殺死」（恨）逝者的願望，從而避免這兩個願望之中任何一個得到滿足之後將出

現的心理後果。如果死者復活，哀悼者將會永久地依賴對方。這樣的願望獲得滿足時，將會產生負面的後果。如果死者被「殺死」，哀悼者現有的憤怒會導致罪疚感。這個願望的滿足也會帶來難以接受的結局。

更為重要的是，由於連結性客體或連結性現象存在於「外面」，哀悼者的哀悼過程也就被外化了。外部世界的連結性客體，包含著死亡或其他類型的喪失對哀悼者造成自戀損傷所帶來的矛盾與憤怒之間的拉扯。當哀悼者將某一張已經成為連結性客體的照片「鎖進」抽屜，他們也就將自己複雜的哀悼過程「藏進」了同一個抽屜。這些人可能會在喪失的週年紀念日打開抽屜，看看或摸摸這些照片。但是，一旦感到焦慮，他們便會再次將這些照片鎖起來。

第一次寫到連結性客體和連結性現象的時候，我提到的是出現這種情況的臨床案例。因此，我專注的是它們在病理學層面的運用。我認為，連結性客體或連結性現象的存在總是會阻礙個體完成他們的哀悼過程。後來在某些案例中，我開始注意到它們與創造力之間的關係，以及它們在哀悼過程中其實是用來當作通往逐漸適應之解決方案的墊腳石（Volkan, 1999b）。有一位男性兒時因為二戰而失去父親，他的故事可以說明連結性客體如何促進適應的使用。戰爭期間，身在前線的父親常常會寄一些自己畫的卡通圖畫回家。在童年和青少年的歲月裡，身為兒子的他便將這些繪畫作品當作連結性客體。成年之後，他重新內化了連結性客體的意義，換句話說就是，他能夠認同父親的意象了。像父親一樣，他使用自己的鋼筆發揮了創造

力，成為了一名平面設計師。

　　連結性客體與連結性現象，並不是童年時期的過渡性客體與過渡性現象在成年時期的重新啟動，兩者是不應混淆的。當然，有一些嚴重退行的成年人，比如一些精神病患者，他們會重新啟動嬰兒期的過渡性關係，並「再造」過渡性客體。過渡性客體代表著第一個「非我」的客體，但它從來都不是完全的「非我」。它把「非我」與「母－我」（mother-me）連結了起來，是一種朝向現實感的暫時建構（Greeacre, 1969; Winnicott, 1953）。連結性客體則包含著高度的象徵運用。它們必須被視為緊密包裝（tightly packed）的象徵，它們的意義是將喪失事件發生之前，所有關係之中意識與潛意識層面的細微差別，都緊緊綁在一起。因此，並不是哀悼者所珍藏的每一件紀念品，都可以視為具有象徵與魔力的連結性客體。

大團體哀悼

　　大團體哀悼並不是指團體中所有或者許多成員公開談論他們的喪失，或為此而放聲大哭的情況。大團體哀悼有著多種不同的表現方式。其中一種方式，就是修正某些現存的社會進程，或啟動新的社會進程。例如，1966年10月21日，位於威爾斯的鄉村艾伯凡（Aberfan）發生煤礦泥漿土石流，導致一百一十六名兒童和二十八名成人罹難。在悲劇發生之後的五年內，村子裡沒有失去孩子的女性的生育率反而顯著增加（Williams & Parkes, 1975）。艾伯凡的悲劇不是大他者故意

造成的；它是「天意」。因此，並沒有人因為這場悲劇蒙受恥辱，於是社會找到了一種以得償失的平衡方法：誕生出比統計平均值更多的新生兒。

二十世紀三〇年代，波蘭華沙的猶太人口約占整個城市人口的百分之三十。他們在納粹占領時期所經歷的驚人悲劇，是人盡皆知的。2019年我訪問華沙，情緒激動地想起了猶太人在這裡的遭遇。此外，我還意識到另外一個事件所具有的心理意義。一位受過良好教育的導遊帶我去舊城區，並告訴我，1944年8月華沙起義期間，這個歷史中心百分之八十五的區域都被納粹軍隊所摧毀。但是，華沙市民所發起的五年重建運動，使舊城區得到精確而細緻的修復。聽著這位導遊的講解，我意識到，這種物質層面的重建，也代表著心理層面的重建、市民自尊的重建，還為他們帶來自豪。

我之所以寫下發生在艾伯凡和華沙的事情，是為了說明，社區以及大團體有時候會找到適應性的方式來處理喪失。

當大團體哀悼出現嚴重的併發症，大團體成員共同歷史事件的意象得以流傳，以及所完成的相關的心理任務，可能會導致選擇性創傷與選擇性榮耀的發展。

選擇性創傷與選擇性榮耀

前文我們將大團體比喻為帳篷，這帳篷的帆布上最重要的圖案便是「選擇性創傷」與「選擇性榮耀」。它們在大團體的互動之中，發揮著關鍵的作用。選擇性創傷是指大團體之

間，對某個歷史事件所形成的共同心理意象。在這個歷史事件裡，大團體的祖先們在敵人手中遭受到了災難性的喪失、羞辱與無助，而他們無法對這些喪失進行哀悼。「選擇性」這個詞並不是指某個大團體「選擇」成為另外一個大團體的受害者，從而自尊掃地。這個詞是指大團體「選擇」將過去的某個創傷性事件變成心理動機，並沉湎其中，使其成為大團體帳篷帆布上最主要的大團體認同標誌。捷克人會紀念爆發於1620年的白山戰役（battle of Bila Hora），這場戰役導致捷克人被哈布斯堡王朝（Hapsburg Empire）統治了將近三百年；蘇格蘭人則一直流傳著1746年的卡洛登戰役（battle of Culloden），以及邦尼王子查理（Bonnie Prince Charlie）未能讓斯圖亞特家族（Stuart）重登英國王位的故事；美國的達科塔印地安人（Dakota Indians）每到週年都會追憶1890年的傷膝河（Wounded Knee）屠殺事件。

並非所有的共同歷史創傷都會成為選擇性創傷。1389年鄂圖曼人和塞爾維亞人之間爆發了科索沃戰爭（Battle of Kosovo），由於後來發生的一些事情，致使這個歷史事件的心理表徵成為了塞爾維亞人的選擇性創傷。科索沃戰爭爆發約七十年後，塞爾維亞人發展出一個神話，將這場戰爭相關的事件和塞爾維亞人物——特別是被殺害的塞爾維亞領袖拉紮爾王子（Prince Lazar）——與基督教的一些元素和人物混合了起來。幾十年過去之後，拉紮爾王子與耶穌基督產生了聯繫。事實上，在戰後的六個世紀裡，許多塞爾維亞的教堂都裝飾著拉紮爾王子的畫像。好幾世代的歌曲與詩歌都讓人們想起科索沃

戰役。即使在共產主義時期政府不鼓勵英雄崇拜，塞爾維亞人還是能飲用（內攝）一種廣受歡迎的紅酒，它的名字就叫做「拉紮爾王子」（Sells, 2002; Volkan, 1996, 1997）。

選擇性榮耀是指，透過儀式化的方式，回憶令人感到驕傲並可引發愉悅之情的祖先事跡和英雄的共同心理意象。例如，每年十一月，美國人都會用儀式來慶祝感恩節。這是一個全國性的節日，用來紀念1621年麻塞諸塞州普利茅斯殖民地的歐洲移民（清教徒）第一次大豐收之後舉辦的盛宴。如今，感恩節已經成為了一個慶典，人們會在這一天享用火雞和南瓜派等特殊食物，並對美國人必須感謝的各種人或事物表達感激之情。有相當多的證據表明，關於北美清教徒早期的生活，美國人相信的許多歷史事實的看法，在過去幾個世紀裡已經發生了重大的改變，或是由神話所取代（Furman, 1998）。因此，感恩節代表著某種類型的選擇性榮耀，將美國的「誕生」加以理想化，標誌著美國一體的情感和大團體的認同。

在美國還有另外一種類型的選擇性榮耀，與感恩節完全不同，在運用的時候，反而會導致嚴重的社會分裂。讓我們回憶一下，夏洛特斯維爾發生的事情對於我寫作這本書產生了何種推動力吧。美國的白人民族主義團體認為白人是優越的，他們認同的是納粹德國所建立的第三帝國，堅持將反猶主義視為一種喪失的選擇性榮耀，希望將這榮耀重新奪取回來。

有些時候，選擇性創傷與選擇性榮耀似乎彼此交織在一起。我是在1991年首次描述了這些概念的，當時我注意到，進行持續性對話（dialogue series）的敵對大團體代表們，一旦感

覺到對手貶抑自己大團體的意象時，他們便會突然提及這類事件（Volkan, 1991a）。

　　我來舉一個例子：蘇聯解體之後，愛沙尼亞人獲得獨立。然而，在當時的愛沙尼亞，已經有三分之一的民眾都不是愛沙尼亞人了。他們是俄羅斯人或「講俄語的人」，屬於以前的蘇聯遷徙過來的，而不是愛沙尼亞人。一夜之間，愛沙尼亞人成為了自己國家的主人，而俄羅斯人和講俄語的人（其中絕大部分如今不再有公民身分）卻陷入了極大的困惑之中。另外，愛沙尼亞與俄羅斯之間還存在著邊界爭端。我們這個來自心理與人類互動研究中心（CSMHI）的促進小組，將愛沙尼亞和俄羅斯的重要人物，比如國會議員、著名學者和公眾人物，召集起來，進行為期三天的非官方外交討論。我們在1994年召開了兩次會議，1995年進行了七次，1996年又舉辦了兩次。愛沙尼亞的選擇性創傷與任何特定的歷史事件無關，而是關係到他們幾世紀以來持續被大他者（丹麥人、波蘭人、瑞典人、德國人和俄羅斯人）統治的這項事實。當愛沙尼亞人獲得獨立之後，他們載歌載舞地慶祝著自己剛剛獲得的自由。然而，我和其他小組成員卻可以看出，他們在心理層面有多麼之焦慮，因為在潛意識層面，他們擔憂著這個剛剛獨立的國家又會再度消失。持續性對話一開始的時候，我們可以看到愛沙尼亞小組某些成員的臉上有著憤怒的表情，但他們不願對這些最後的占領者直接說出負面的感受。在系列對話進行到第二年底的時候，愛沙尼亞的與會者終於可以比較自在地談論他們在蘇聯政權時期所遭受的迫害，向俄羅斯的與會者表達自己對俄羅斯人的負

面感受。

在一次會談之中，我們正在討論當前的某些問題，一位愛沙尼亞人開始抱怨俄羅斯人過去對待愛沙尼亞人民的方式。一位來自俄羅斯國會的高層領導人物（他是俄羅斯對話小組的成員）突然開始大聲談論發生在十三世紀至十五世紀的事情：當時的韃靼和蒙古大汗占領了位於今日俄羅斯的很多地方，包括莫斯科在內。我一直記得，我和我的促進小組成員都感到非常驚訝。這位來自俄羅斯的議員情不自禁地談論著歷史學家所熟知的「韃靼—蒙古鐵軛」（the Tatar-Mongol yoke；範例請見Halperin, 2009）。俄羅斯的選擇性創傷在房間裡面開始變得鮮活了起來。

這位議員希望我們意識到，受害的俄羅斯人身處在逞兇的韃靼人、蒙古人和歐洲人之間。如果沒有俄羅斯的存在，歐洲人就會受到韃靼人和蒙古人蹂躪。歐洲人不承認俄羅斯為了拯救歐洲遭受了多大的苦難，這讓他感到非常難過。他說明俄羅斯有權利統治其他大團體，但他認為俄羅斯人與韃靼人和蒙古人是不同的，因為俄羅斯人的行為是在保護俄羅斯統治之下的大他者。俄羅斯給愛沙尼亞帶來那麼多「好」東西，愛沙尼亞人怎麼可以不感謝生活在俄羅斯的統治之下！我注意到，這位議員不僅僅在談論俄羅斯的選擇性創傷，也在頌揚受難的祖先，他認為自己的祖先保護了歐洲人免受災難。

2006年，我在奧地利維也納大學的政治科學系擔任訪問學者。當時，我有來自不同國家的八十位學生。為了說明人們對自幼發展起來的大團體認同的情感投入——即便這些人在日常

生活之中並不會思考這些投入——並觀察祖先的歷史如何引發強烈的情感，強烈到彷彿這些事件昨天才發生，我於是設計了一個實驗。我選出五名波蘭籍學生和五名土耳其籍學生。我要求他們深入研究這一段歷史：鄂圖曼土耳其人對維也納長達兩個月的圍困，隨後在1683年9月12日，他們被波蘭國王約翰三世索別斯基（John III Sobieski）率領的軍隊擊退。一週之後，這十名學生在全班同學以及其他參觀者面前展示了自己的研究成果。我們可以清楚地看到，波蘭的學生和土耳其的學生——正如我和小組成員所聚集起來的敵對國家或種族團體之非官方代表——如何變身為各自國家大團體認同的代言人，又帶著何等強烈的情緒展現出這些大團體認同的性質，彷彿鄂圖曼對維也納的圍困正再次上演。幾年之後，我在土耳其伊斯坦堡的巴切謝爾大學（Bahçeşehir University）擔任客座教授，再次選擇波蘭與土耳其的學生重複這個實驗——得到的是同樣的結果。

　　選擇性創傷不是近期歷史事件的意象。例如，猶太大屠殺將所有的猶太人都聯繫在一起，無論他們是否直接受到了納粹的影響，但這事件並非選擇性創傷。倖存者的照片和物品仍然存放在後代的家中，他們的故事也依然「鮮活」。許多世代之後，個體本身、父母、祖父母以及其他親朋好友，對祖先所經歷的創傷其實已經沒有了實際的記憶。祖先所遭受之創傷的心理意象會經歷某個過程，羅伯特・維爾德（1936）稱之為功能的改變（change of function）。如今，它被視為一個意義重大的象徵，在心理層面將大團體成員連結了起來。

　　當選擇性榮耀重新被啟動的時候，通常不必涉及複雜的心

理過程，除非選擇性榮耀是一種共同的幻想，比如美國的白人至上主義團體那樣。選擇性創傷則支持著大團體認同及其凝聚性，因此重新啟動的時候會更為複雜一些。選擇性創傷是更為強大的大團體放大器，因為它們與祖先的複雜哀悼相連結。當某個選擇性創傷（或白人至上主義團體共同幻想的選擇性榮耀）重新被啟動的時候，與之相連結的權利意識形態（entitlement ideology）也會被點燃。

權利意識形態

「權利意識形態」一詞，是指某個大團體成員感覺到自己有權利重新獲得祖先們在幾個世紀之前所失去的東西，這是一種自戀的改編，伴隨著對祖先敵人的後代或者（透過共有的置換）當前的敵人，產生具有敵意的偏見（Volkan, 1996, 2018a）。權利意識形態有一段時間會處於休眠的狀態，但政治領袖和惡意的宣傳可以輕易地將其點燃。塞爾維亞的權利意識形態被稱為基督斯拉夫主義（Christoslavism）[8]（Sells, 2002）。拜占庭帝國的首都君士坦丁堡（今伊斯坦堡）在1453年的淪陷，是希臘人的選擇性創傷，並與希臘的權利意識形態連結起來，這種意識形態被稱為「偉大的理想」（Megali Idea）[9]（Volkan & Itzkowitz, 1994）。

8　【編註】：基督斯拉夫主義認為斯拉夫人本質上是基督徒，因此改信其他宗教的斯拉夫人是背叛了整個民族或種族。

9　【編註】：「偉大的理想」又稱大希臘主義，指的是希臘的民族統一思想，宗旨在於恢

　　偉大的理想對賽普勒斯種族問題的開端以及其後的持續，發揮了重要的作用。出生於賽普勒斯的著名社會學家基里亞科斯・馬凱茲（Kyriacos Markides, 1977）這樣說道：

　　　由於賽普勒斯的希臘人認為自己在歷史與文化層面均是希臘人，「偉大的理想」便具有強烈的吸引力。因此，當教會的神父們呼籲賽普勒斯人（這裡指賽普勒斯希臘人）為與希臘合併而奮戰時，不費吹灰之力便可以令群情激憤……。賽普勒斯與希臘的合併運動（Enosis）並非起源於教會，而是源自於知識分子想要復興希臘—拜占庭文明的思想。（Markides 1977, p. 10）

時間坍塌

　　開展非官方外交對話的時候，我和我的小組成員並沒有處理任何個人的心理議題。我們聚集起來，並不是為了治療任何人。我們傾聽來自對立陣營代表各自大團體的與會者們，我們專注的是大團體心理。當這些人全神貫注在選擇性創傷和選擇性榮耀的時候，我們開始意識到我稱之為「時間坍塌」（time collapse）（Volkan, 1997, 1999a）的情形。時間坍塌指的是，與選擇性創傷或選擇性榮耀（尤其是前者）相關的共同感受、

復拜占庭帝國，建立起一個以君士坦丁堡為首都、以雅典為經濟中心的希臘人國家。這個思想自希臘獨立後直到第二次希土戰爭，都是希臘內政、外交的政策方針。

幻想、期許以及防衛機制重新被啟動以後，當前敵人與當前衝突的意象會被放大。無論是在非官方還是官方的外交對話中，時間坍塌都會阻礙與會者探索和平的解決方案。一般而言，在官方的外交談判之中，調解人員不在意或甚至沒有意識到這種心理阻抗的存在。

　　透過政客或大團體之中其他具有影響力的人物所進行的操縱，時間坍塌可能會導致「非人化」。

非人化

　　如果兩個大團體之間的衝突加劇並持續，其中一個大團體可能會開始認為另外一個大團體比較沒有人性，這樣它就變得更加適合吸收共同的外化與投射。一開始，對方還會被當作是人類，但他們是壞的人類；隨後，他們的人性也被除去了（Bernard, Ottenberg, & Redl, 1973; Moses, 1990）。

　　1990年的春天，我獲得一個機會去研究位於突尼斯（Tunis）的一所巴勒斯坦孤兒院「堅定兒童之家」（Beit Atfal al-Sumud）。1976年，第一個堅定兒童之家在黎巴嫩成立，目的是為巴勒斯坦的孤兒們提供住所，這些孤兒都來自被摧毀的塔奧紮塔區（Tel al-Za'atar）。1982年9月15日，以色列國防軍在西貝魯特包圍了兩個相鄰的巴勒斯坦難民營薩布拉（Sabra）和夏蒂拉（Shatila）。第二天下午稍晚時分，黎巴嫩長槍黨（Phalangist）的基督教民兵（以色列的盟友）襲擊了難民營，不加區分地殺害難民營裡被圍困在狹窄街道的平民。

由於這場悲劇，有一千三百名巴勒斯坦孤兒需要得到照護。堅定兒童之家便在突尼斯成立了一個分院。我來到這裡的時候，院內收容了三十一名男孩和二十一名女孩，年齡從七歲至十八歲不等，還有五名兒童當初從薩布拉和夏蒂拉大屠殺被救回來的時候還是嬰兒（Volkan, 2014b）。在此，我想要著重的並不是描述巴勒斯坦的歷史，而是要聚焦在巴勒斯坦如何將以色列人的非人化。

很多孩子聽說突尼斯有一個猶太店主，就跑去看他。當面前出現的是一位面帶笑容的和善老人，他們都很驚訝。在他們心目中，這個老人的樣子與他們對猶太人的固有觀念不吻合。最終，他們同意也許突尼斯的這位猶太店主還算不錯，但整個以色列人是壞的。當我詢問他們是否面對面地看到過以色列人，他們告訴我，他們在電視上見到過以色列人。「他們看起來像人，但其實不是人。」他們不斷重複地這樣說著。

納粹對大他者加以妖魔化與非人化的行為，是眾所周知的事情。在1994年的盧安達（Rwanda），胡圖族（Hutu）一開始先是稱圖西族（Tutsi）是邪惡的，後來又開始稱他們為「卡瓦德」（cafards），也就是蟑螂的意思。不久之後，在4月7日至7月15日之間，胡圖族對圖西族和胡圖族溫和派展開了大規模的屠殺行動，這是一種惡性的淨化。

淨化

就像蛇需要蛻皮一樣，對於似乎不再合適的象徵或意識形

態等元素，或者似乎會阻礙大團體認同復興的事物，大團體也會予以拋棄，而這個過程有時候會對大他者造成威脅（Volkan, 1997, 1999a, 1999c, 1999d, 2004）。

有一些淨化是無害的，例如：鄂圖曼帝國統治希臘語地區的近四百年間，土耳其語的詞彙進入了希臘語之中，創造出一種「混合語」，對講希臘語或土耳其語的人們來說，這種混合語顯得熟悉而又有所不同。很多希臘人開始成為說土耳其語的人（Turcophone），他們說土耳其語，但用希臘字母書寫。希臘脫離鄂圖曼帝國（1821-1833）贏得獨立之後，慢慢鞏固了一個新的希臘認同，以希臘文化元素和拜占庭帝國遺產作為基礎（Herzfeld, 1986; Volkan & Itzkowitz, 1994），他們創造出了所謂的純正希臘語（*Katharevusa*），即希臘語的新古典形式。拉脫維亞脫離蘇聯獲得獨立之後，拉脫維亞的民眾希望移除二十多具安葬在國家公墓的俄羅斯人遺體。今日的烏克蘭也在大力鼓勵人們不要講俄語，而是講烏克蘭語。

另一方面，2001年9月11日之後，我們注意到美國出現了具有敵意的淨化趨勢。在一個案例之中，一名男子被殺害，只是因為兇手覺得他長得像阿拉伯人。我研究過的惡性淨化例子中，最具代表性的是發生在米洛塞維奇（Slobodan Milošević）領導下的塞爾維亞。他和他的追隨者激發了塞爾維亞人的選擇性創傷，也就是我在前文提到的那個共同心理表徵：科索沃戰爭。這導致了時間坍塌、非人化和淨化，對波士尼亞的穆斯林和科索沃的阿爾巴尼亞人造成了可怕而致命的後果（Volkan, 1997）。這個過程雖然相當可怕，但納粹時期發生的種族滅

絕，才是惡性淨化最為恐怖的例子。

　　理解淨化的意義及其心理層面的必要性，可以幫助我們制定適當的策略，讓共同的偏見保持在「正常」的範圍之內，而不致發展為惡性且具有破壞性的淨化。

對細微差異與非相同性的維持

　　年輕的時候，我會在賽普勒斯乘車旅行，經常看到牧羊人在放牧。我從遠處便可以分辨出哪個是希臘裔牧羊人，哪個是土耳其裔牧羊人。他們之間有一些細微差異。希臘裔牧羊人會在腰帶上繫一塊藍色的布，而土耳其裔牧羊人則會繫一塊紅色的布。印度安德拉邦（Andhra Pradesh）的居民常常會在脖子上繫著圍巾，而住在他們附近的特倫甘納人（Telanganas）卻不會這樣做。

　　「細微差異」這個術語，是由佛洛伊德（1918a）所創造的（也可參見Freud, 1917e, 1921c, 1930a）。佛洛伊德最初用這個術語來描述個體之間的差異，之後他也用它來描述大團體之間出現的差異。他寫道：

> 　　愛的情感總是有可能可以讓數量龐大的人們結合在一起，只要有其他的人留下來接受他們攻擊性的表現……。正是那些毗鄰而存有種種關聯的社群在不斷地爭鬥，互相嘲弄奚落──比如西班牙人和葡萄牙人，北德人和南德人，英格蘭人和蘇格蘭人等等。我將這種現

象稱為「細微差異之自戀」，這個名稱本身並不能對這種現象提出什麼解釋。現在我們可以看出，這是一種滿足攻擊性傾向的方式，便利而相對無害，藉由這個方式，社群成員之間可以更為輕易地凝聚起來。（1930a, p. 114）

大衛・沃曼（David Werman, 1988）[10]回顧了佛洛伊德關於這個術語的觀點，他認為，「在佛洛伊德看來，細微差異的自戀是相對無害的，而我對此有相反的看法，我認為，在社會領域，細微差異的自戀包藏著某種潛在的可能性，也許會出現凶險的逐步升級，演變為範圍更加廣泛的敵意和破壞性行為。」（p. 451）

當大團體發生衝突的時候，任何標誌出彼此類似性的信號，通常潛意識都會認為是不可接受的；細微差異因此被抬舉到極端重要的地步，以保護非相同性（non-sameness）。當局面變得緊張，爆發暴力衝突的時候，對細微差異的認同可能會帶來致命的影響。例如，1958年，斯里蘭卡發生暴動，僧伽羅族（Sinhalese）就是依靠各種細微的標記——比如耳朵上面有沒有耳洞，或者襯衫的穿著方式等等——來識別自己的敵人坦米爾族（Tamils），然後加以攻擊或者殺害（Horowitz, 1985）。在克羅埃西亞和塞爾維亞之間，方言的差異——比

10　【編註】：大衛・沃曼（1922-2014）是美國精神分析師，1975年於杜克大學醫學院教授並執行精神分析，直至1992年退休為止。運用精神分析理論研究自傳、藝術和歷史等，撰寫過一系列針對畫家、文學家的研究論文。喜愛音樂、藝術、文學。

如對牛奶的稱呼，克羅埃西亞人是*mlijeko*，而塞爾維亞人是
mleko——有時候會承載著沉重的政治—文化內涵。

　　細微差異會演變為顯著差異，目的在於維持兩個大團體之
間的區別，以及兩者之間的心理邊界。

邊界心理學

　　大團體心理學本身也讓我們知曉關於「心理邊界」的概
念。當毗鄰的大團體之間沒有大規模衝突的時候，物理邊界就
仍然只是一個物理邊界；但當衝突發生的時候，物理邊界作為
大團體認同的邊界，便承擔了重要的心理意義。大團體的大部
分成員潛意識地將物理邊界視為大團體帳篷的帆布時，這個物
理邊界就成為了心理邊界。

　　冷戰期間，柏林圍牆就是東西方物理與心理邊界之終極
象徵。英國兒童精神分析師溫尼考特（Donald Winnicott,
1969）提醒我們，雖然這道人造的屏障有礙觀瞻，甚至可以說
毫無「美」可言，但如果沒有柏林圍牆，二十世紀六十年代將
會爆發一場戰爭。溫尼考特進一步闡明柏林圍牆帶來的益處。
他認為，敵對雙方之間的分界線，從最壞的方面來講，至少可
以延緩衝突，從最好的方面來講，它可以讓敵對雙方在一段長
時間裡遠離彼此，好讓人們可以處理並追求和平的藝術。和平
的藝術歸功於敵對雙方暫時成功豎立起來的分界線，在柏林圍
牆停止分隔好與壞之前帶來短暫平靜的時刻。

　　德國統一幾個月之後，我前去拜訪一位精神分析師朋

友，他住在前東、西德邊界西側的一個小鎮上。他問我是否想要看看以前的那道邊界，隨後便駕車帶我們去到哥廷根（Göttingen）附近的一片草地，1990年之前，這裡位處東德與西德的邊界線上。我的朋友告訴我，這裡的樹木全都被砍倒，以便利衛兵逮捕叛逃者。那一天，當然，邊界線附近並沒有衛兵，瞭望塔也空無一人。然而，我卻被這個地方詭異的寂靜所震撼，也被我朋友輕聲低語的模樣所震撼。似乎這個過去的邊境地區依然是危險的。之後，我們驅車穿越這個舊邊界，進入前東德的區域，這是我朋友自從德國分裂以來，從未做過的事情。雖然德國已經統一，但兩個地區的物理差異還是顯而易見的：原東德道路的維護和設計都很糟糕，甚至電線桿的形狀都完全不同。毫無疑問，我們正身處於一個不同的「國度」。

當我們開車穿越鄉間的時候，我的朋友深吸了一口氣，然後便問我，是否聞到了什麼難聞的氣味。我並沒有察覺到什麼異常，便告訴他沒有，但他並不接受我的回答。他指著前方一輛離我們很遠的車子說道，「你看到那輛車了嗎？那是共產主義者製造的。那些車很臭。」我確信他不可能真正聞到那輛車散發出來的任何氣味，因為我們之間的距離實在是太遠了。似乎因為他「知道」共產主義者製造的汽車有一種令人討厭的氣味，所以他的感官便哄騙了他。一看到那輛汽車，便刺激他對那汽車產生了嗅覺體驗。我這位朋友把自己某些不可接受的元素外化並投射給了東德人。他是「乾淨的」；而東德人是「發臭的」。我並沒有將自己的推斷講出來，但我感覺我的朋友也

對自己的體驗得出了類似的結論。他顯得有些尷尬，很快便轉移了話題。

　　這件事情發生之後，在維吉尼亞大學的CSMHI，一群來自不同背景的學者開始研究德國統一所引發的邊界心理（Volkan, 1997, 1999c）。我們也注意到了其他研究人員的發現。例如，出生於西德的德國精神分析師迪特・奧梅爾（Dieter Ohlmeier, 1991）指出，德國的統一不僅僅是一個重大的政治變化，還是一個重大的心理事件，引發了重新審議納粹歷史的新浪潮。「納粹光頭黨」（Nazi skinhead）運動便是德國社會這番重新審議的其中之一，這是一種適應不良的表現，涉及到由第三帝國的心理表徵所衍生出來的羞恥感與內疚感（Rosenthal, 1997; Streeck-Fischer, 1999）。正如奧梅爾（1991）所指出的，對德國統一進行精神分析層面的考量，使得人們開始關注德國人的心理問題，並感到有必要對1933年以來的德國人心理歷史層面進行反思。CSMHI以及其他一些機構的研究也顯示，某些與第三帝國和猶太大屠殺有關的意象（這是個體不願意擁有的意象）及其相關的情感與幻想，都已遭到外化並投射出去，從邊界的這一邊移置到了另外一邊。這些意象、幻想以及情感在「地點」上所表現出來的不穩定性，對於試圖以嶄新方式來自我檢視納粹的過往以及「新的」德國認同，是具有影響力的。德國統一很多年之後，所有德國人的「新」德國認同才變得穩固起來。

　　我還觀察過另外兩個敵對大團體之間的物理邊界，及其如何轉變為心理邊界的過程，以下是簡要的說明。1986年，

以色列和約旦之間的關係極度緊張，我當時作為以色列的訪客，參觀了約旦河（兩國的交界線）上的艾倫比橋（Allenby Bridge）。橋的中段有一條白線，區隔了兩國。當時，正好有十六輛特殊的卡車被允許入境。這些過橋的卡車看起來彷彿是還沒造好就被運出了工廠：車門和引擎蓋都不見蹤影，甚至連車內裝潢也全都被拆除了，以免有任何可以私藏違禁品的地方。儘管如此，以色列海關的工作人員還是要花好幾個小時的時間把車輛拆開來，然後再組裝起來，確保裡面沒有任何從約旦走私進來的東西。在海關大廈的「珠寶店」裡，每一個阿拉伯婦女出入以色列的時候，海關人員都會對她們的金戒指和金手鐲進行估價檢查，以確保這些婦女沒有留下任何貴重物品給她們居住在以色列的阿拉伯親屬。這個用意在於，如果將黃金帶給以色列的阿拉伯人，他們可能會購買「危險」的東西，用來對付以色列的猶太人。以色列還有另外一項預防措施，就是例行清掃一條與邊境線平行的土路，以偵測試圖穿越邊境的人們所留下的腳印。應當指出的是，邊界附近佈滿了精密的電子監視設備；一位以色列官員告訴我（或許他是在開玩笑），透過電子監控，以色列當局甚至可以知道某個約旦的重要人物何時上過浴室，何時拜訪過妻子之外的其他女人。即使有正當理由採取這些額外的預防措施，心理邊界的想法都會與艾倫比橋的物理邊界纏繞在一起，形成各種各樣在兩個國家之間產生心理隔閡的儀式。

大團體的退行與進展

我從個體心理學之中借用了「退行」這個詞，因為我還沒找到一個更為合適的詞語，來描述大團體的心理功能「回到」原始層次的現象。之前我曾經提到過，羅伯特·維爾德（1936）提醒我們，佛洛伊德（1921c）的團體心理學圍繞著領袖與大團體成員之間的相互認同，是聚焦於退行的團體。

奧托·肯伯格（Otto Kernberg, 2003a, 2003b）[11]和其他一些精神分析師曾經描寫過，當大團體發生退行，並且開始使用原始的防衛機制，諸如投射、內攝、分裂、迴避和否認等，它們就會陷入偏執與自戀的再組織（reorganization）過程。我所觀察到的偏執組織，最為典型的例子來自阿爾巴尼亞。我曾經兩次拜訪這個國家，研究獨裁者霍查去世之後的大團體過程（Volkan, 2004）。在霍查的極權主義統治之下，阿爾巴尼亞人在全國各地建造了七千五百個防空洞，以防備從未發生過的敵襲。建造這些無法抵擋現代武器的防空洞，反映出一種有魔力的思維和偏執組織。當前，我們可以看到各種形式的魔力思維，比如宗教基本教義派（fundamentalism）在世界各地的蔓

11　【譯註】：奧托·肯伯格（1928-　）生於維也納，早先在智利學習生物和醫學，之後在智利精神分析協會學習精神醫學和精神分析。1961年，肯伯格移居美國，加入梅寧哲紀念醫院，並成為醫院院長。曾於1997至2001年擔任國際精神分析協會主席。在自戀、客體關係理論和人格障礙等研究領域有傑出貢獻，他發展出的移情焦點治療在治療邊緣性人格障礙患者方面取得了重要的突破。著有《邊緣狀態與病理性自戀》（1975）、《客體關係理論與臨床精神分析》（1976）、《嚴重人格障礙的治療策略》（1984）、《邊緣型人格障礙的移情焦點治療》（1998）和《嚴重人格障礙的自殺風險：診斷與治療的差異》（2001）等。

延，以及美國「白人主義」信念的增加等等。

對於民眾不費力評估政治宣傳的正確與否便「照單全收」的情形，我並不介意將之稱為「共同內攝」。任教於捷克查理大學醫學院的精神分析學家麥克爾・塞貝克（Michael Šebek, 1996）以蘇聯解體之後的情況，做為「共同內攝」的範例。在極權政權時，人們之所以聚集在領袖周圍，是為了獲得個人的安全感，而不是因為害怕不遵守政權的「規則」而遭到當局懲罰。塞貝克描述到，在這樣的政權之下，人們會將「極權的客體」予以內攝，放棄自身個別特性的諸多面向，而盲目地追隨他們的領袖。

接下來，我想舉一個例子說明大團體的分裂。土耳其現存的獨裁政府是眾所周知的事情。鄂圖曼帝國垮臺之後，土耳其共和國於1923年在凱末爾・阿塔圖爾克的領導之下成立。最近二十年來，土耳其政府的領導階層除了取得許多正面成就之外，也一直努力改變土耳其共和國的大團體認同，欲使這個國家變得更具宗教性，並且削弱土耳其的世俗傳統。二十世紀五十年代當我在安卡拉的醫學院求學時，有一半的同學都是女性。她們沒有任何一個人遮住自己的臉。近年來我到土耳其講學的時候，看到面前的那些女性聽眾，有一半的人自由地露出自己的臉來，另一半則戴著頭巾，彷彿兩者是來自不同的種族和文化背景。

只有當大團體的許多成員正在處理與大團體認同議題相關的互動之時，以及當他們與具有不同大團體認同的大他者產生關係之時，才應該考量退行大團體的共同原始機制。當這些個

體在日常生活之中與家人、朋友以及同事產生關聯的例常活動中，並不會使用原始機制，諸如投射與分裂。大團體發生退行時，個體如果去思考自己的對立面只會出現荒謬的錯覺，大團體中的個體所呈現出來的是邊緣性人格組成或其他的原始人格組成（Personality organization）。當社會分裂發生在同一個大團體時，分裂在兩邊的個體並不會因而在日常例行活動中出現病理性的投射或分裂機制。

將個體心理學的概念應用於大團體心理學的時候，必須謹而慎之。因為我所描述過的大團體擁有它們自己的特性，而這些特性建立在以歷史與神話為基礎的古老連續體以及共同的心理意象之上，如若要對它們退行的跡象與症狀進行考察，便應當涵蓋每一個團體在某一個特定時期所特有的共同心理動力。因此，對於共同的偏執或自戀情感之出現，我們需要超越一般的描述，去談及每一個大團體內部特殊的社會／政治退行表現，比如點燃選擇性創傷、啟動時間坍塌，以及捲入非人化與淨化的行為之中等等。藉由檢視我在本章描述的用以保護及維繫大團體認同的那些大團體概念，來闡述大團體退行，是極為重要的。

在一個退行的大團體之中，政治、法律或傳統的邊界都會變得高度心理化，群眾、領袖以及官方組織都全神貫注地保護這些邊界。當某個大團體處於退行狀態的時候，對於如何操縱（「好的」或者「壞的」）已經存在於大團體心理之中的事物，政治領袖本身的人格及其內部世界是有著至關重要的作用。在本書後面的部分，我將會對這種領導者—追隨者的交互

關係進行檢視。

當大團體有所進步的時候，大部分的大團體成員對於政治或宗教領袖的政治宣傳會轉變態度，對言論自由感到自在，並且想知道道德和美好是什麼，幻想與現實之間又存在何種差別。如果大團體的退行發生在與另一大團體出現可怕的衝突或者實際戰鬥之後，那麼，當大團體重新獲得進步的時候，之前退行的民眾便開始能夠注意到之前被視為仇敵的那些人們所具有的人性。

【第三章】成年期所形成的大團體認同

　　在CSMHI所主持的非官方會談當中，敵對國家或民族的代表們都捍衛著自己童年時期所形成的大團體認同。近幾年兩次訪問哥倫比亞的經歷，讓我對游擊隊運動所產生的社會影響，有了更多的瞭解。我還與芬蘭歷史學家朱尼・蘇斯托拉（Jouni Suistola）共同研究了蓋達組織（Al-Qaeda）以及位於伊拉克和地中海東部（Levant）所謂的伊斯蘭國（ISIS）（Suistola & Volkan, 2017），在那之後，我愈發關注人們在成年時期所形成的大團體認同。

　　大型國際商業公司的雇員、運動團隊數以千百萬計的追隨者，或者學術組織的會員，都可以被視為這種類型的大團體成員。然而，為國際商業組織工作、追隨一支籃球隊，或者參與同一學術工作，並不會劇烈改變人們在童年時期所形成的核心大團體認同。與之相反的，諸如哥倫比亞革命軍（Revolutionary Armed Forces of Colombia, FARC）的游擊運動，蓋達組織、ISIS的恐怖組織，和奧姆真理教、大衛教派（Branch Davidians）之類的邪教等組織，則真實地代表了形成於成年時期的大團體，並導致其成員失去了道德態度——這裡的道德態度指的是超我在大團體成員童年時期所施加的限制，與當時所習得的大團體認同形成的連結。這些個體們對童年時期所發展出的核心大團體認同所給予的投注，發生了劇烈

的改變。他們透過堅持一種獨特的民族主義或宗教信仰，誇大了從自己童年時期大團體認同中挑選出來的某些面向。要不就是，他們相信了童年環境中從未出現過的想法。簡言之，透過某些特定的新選擇，他們脫離原來的大團體，不再與擁有同樣童年核心大團體認同的人共享全部情感。

這個成年期的第二類大團體認同甚至可能會讓其成員參與集體自殺，就如1978年「人民聖殿教」（Peoples Temple）集體自殺事件和1997年「天堂之門」（Heaven's Gate）集體自殺事件。這些邪教的成員並非來自像日本武士傳統這類有著自殺儀式的文化。除此之外，第二類大團體認同還會允許其成員對他人犯下可怕的虐待行為，比如ISIS成員會毫不猶豫地割斷「敵人」的喉嚨。成員們理所應當地認為自己的行為是一種義務，目的在保護他們在成年期所獲得的新大團體認同，或者吸引人們對這一新認同的注意（Volkan, 2018b）。

我和朱尼・蘇斯托拉也曾描述一些形成於成年期的大團體是如何煽動特定的選擇性創傷和權利意識形態，並製造時間坍塌和淨化（Suistola & Volkan, 2017）。例如，蓋達組織和ISIS重新激發了阿拉伯遜尼派穆斯林的選擇性創傷，也就是沒落的哈里發政權，並且希望讓榮耀重返。在蘇丹塞利姆一世（Selim I）統治期間（1512-1520），鄂圖曼帝國占領了敘利亞和埃及，阿拉伯遜尼派哈里發政權於1517年滅亡。隨著鄂圖曼帝國的瓦解和現代土耳其的建立，1923年哈里發地位——從某種意義上說，是遜尼派伊斯蘭教的「教皇」——於是被廢除，就這樣，伊斯蘭教幾個世紀以來建立的領導地位瞬間崩

塌。

蓋達組織尋覓著新的哈里發政權；ISIS則宣稱自己就是哈里發政權。已故的阿布‧巴克爾‧巴格達迪（Abu Bakr al Baghdadi）稱自己是伊布拉欣哈里發（Caliph Ibrahim）和ISIS的領袖。據說，伊布拉欣哈里發是先知穆罕穆德所屬部落古萊什（Quraysh）的後裔，ISIS便利用這一點「合法化」了他聲稱是哈里發的說法。我對這個人的童年和生活情況瞭解不多。

對於許多鬱鬱不得志的人和獨自行動的孤狼式恐怖分子來說，如此建立起來的「哈里發政權」如同一個可以容納他們的「容器」，加入或追隨ISIS成了他們提高自尊的途徑。事實上，許多趕赴敘利亞加入ISIS的人並非宗教信徒；他們這麼做是為了尋找一個「帳篷」來掩蓋他們的個人認同問題或衝突（Suistola &Volkan, 2017; Volkan, 2017a）。

在研究形成於成年期的大團體時，我還注意到一點，那就是：在宗教崇拜中會出現某些類型的大團體退行，但這與其敵對大團體並無直接關聯。與之相反地，他們所反映的是該團體「新」認同的影響。比如，他們惡劣對待女性甚至孩童，就好像他們與男人是不同等級的人。

【第四章】決策心理學和領導者— 追隨者的政治關係

　　自1853年由路德維希・馮・羅肖（Ludwig von Rochau）[1]引入「現實政治」（realpolitik）這個觀念以來，這觀念已經演變為：在不深入考慮心理過程的情況下，對自己的大團體及敵人可能的選項，所進行的理性評價和現實評估。現實主義主導了二十世紀的政治思想。在冷戰時期，現實政治催生了政治和外交的**理性行為者**（rational actor）模型。根據這類模型，政治領導者和政府就如「理性的」個人一般履行職責。

　　冷戰高潮時期，理性行為者模型在美國政治分析領域盛行，甚至被暱稱為「美國模型」（American model）（Allison, 1971; Barner-Barry & Rosenwein, 1985）。人們認為，在美國這類「特殊」國家裡，政治決策純粹依據邏輯而為，不受任何心理因素的影響。美國的一些政治分析人士表示，其他的已開發國家也是使用這種模型。

　　儘管理性行為者模型的定義之中隱含著冷靜、理性和清晰的思維過程，但實際上還是包含著一些關於人類行為在工作時

1　【編註】：路德維希・馮・羅肖（1810-1873）是德國記者及政治人物，曾參與攻擊法蘭克福警察局大本營的一場革命行動，失敗而逃亡法國長達十年。其著作中最著名者為《現實政治的原則》（*Grundsätze der Realpolitik, 1853*）。1871年被選為第一屆德國國會議員，代表當時屬於溫和自由主義的主要政黨「民族自由黨」參政。

的假設。首先，決策者有其偏好，並根據對環境的理性理解來
做出選擇。其次，它假設結果的不同變化取決於決策者所能獲
得的機會，而非涉及的規範、角色或文化有其差異所致。第
三，它假設國家或政治實體以一個單一的理性行動者來行動，
而且人事變動——包括政治領導者及其人馬——並不會影響決
策過程（Achen & Snidal, 1989）。

認知心理學家看出了理性行為者模型的缺陷（例見：
Janis & Mann, 1977; Jervis, Lebow, & Stein, 1985; Rokeach,
1984）。他們開始研究不同的政治領導人如何在決策過程中
使用不同的主要歷史類比。例如，他們提到了美國總統艾森
豪（Dwight Eisenhower）在1954年所作出的對奠邊府（Dien
Bien Phu）[2]不作干預的決定。艾森豪從韓戰中得到的教訓
是，美國絕不能再捲入另一場遙遠的陸地戰爭。然而，在我看
來，認知心理學家對領導者決策理論的貢獻雖然重要，但在某
種程度上有其侷限。由於意識過程是認知心理學家的主要關注
點，潛意識過程的影響於是被忽視了。

精神分析學家對研究和撰寫有關決策的文章並不感興趣，
但有一個人例外，那就是利奧·蘭格爾（Leo Rangell）。他
曾兩次擔任國際精神分析協會（IPA）主席，也是美國精神分
析協會主席，1971年他描述過「自我的決策功能」（1971, p.
431）。九年後，他出版了一本書，書中檢視了美國第三十七
任總統理查·尼克森（Richard Nixon）的思想，以及他捲入的

2　【編註】：奠邊府是法越戰爭中最後一場戰役發生的所在地，位於越南北部。此役越軍
　　大勝，結束法國長達七十年的殖民統治。

水門事件（Rangell, 1980）。

現將蘭格爾的個人決策理論概述如下：他參考了佛洛伊德
（1926d）提出的信號焦慮（signal anxiety）概念，信號焦慮
是內心危險的預兆，防衛行動由此啟動。這些防衛的目的是防
止衝動和（或）痛苦情感的衍生物出現在意識和（或）行動之
中。依據蘭格爾的說法，在徹底經歷信號焦慮之前，自我會允
許少量的、可控的衝動釋放出來──這是心靈內部的一個小測
試，看看自我是否可能允許衝動完全表達出來。

這個測試發生時，個體的超我會對試探性的釋放做出反
應，並導致自我產生焦慮。就像引發它的衝動一樣，這種焦慮
的程度很低──低於信號焦慮的程度。在這個時候，自我必須
選擇下一步的行動：允許衝動完全釋放，或阻止衝動釋放。蘭
格爾把這個過程稱為「內在選擇衝突」。他寫道：

> 對內在選擇衝突的描述，揭示了內在心靈生活中的
> 一個時刻，人類心靈在其中有機會且有必要去發揮自身
> 的指導性潛能，並決定自身的活動路線（course）。……
> 當我們談論心靈決定論（psychic determinism）時，要將
> 其放在個人對於控制和塑造自己命運所具有之影響力
> 的脈絡當中來看待，否則它便是不完整的。（1971, p.
> 440）

蘭格爾還描述了「自我決策功能」（p. 431），它是專門
用來解決內在選擇衝突的功能，緊隨其後的便是行動。他所描

述的「焦慮－選擇－決策－行動」序列，為決策理論提供了精神分析視角下的理論模型。所有的決策，無論是購置房產，還是捲入國際衝突當中，都涉及到如何計畫。在計畫過程之中，個體會潛意識地掃描「曾經的心靈創傷記憶，以此來評估預期決策的效用。因此，透過利用先前的經驗和全部的遺傳歷史，預測的範圍及可靠程度便得到極大的拓展和提升」（Rangell, 1971, p. 439）。

蘭格爾認為，在一個孩子成長為成人的過程之中，決策越來越涉及意識層面（次級歷程）的複雜思維。但是，某些問題解決依然大多是在潛意識層面進行的。成年心智之中的固著和退行影響著決策功能。當固著和退行足夠嚴重，參與決策的次級歷程思維將受到抑制。

在參與國際事務期間，我的關注點是政治領導者的決策對大團體的影響。北賽普勒斯土耳其共和國的創建者和首任總統拉烏夫・登克塔什是我的朋友（Atik, 2019）。在吉米・卡特和米哈伊爾・戈巴契夫卸任後，我也分別與他們相處了一段時間，其中，我與前者相處的時間相當長。CSMHI的促進小組曾帶領愛沙尼亞人與俄羅斯人進行數年之久的非官方對話，而阿諾爾德・呂特爾在成為愛沙尼亞的總統之前，也是該對話中愛沙尼亞團隊的成員。我曾拜訪過阿拉法特，他那時正在領導流亡突尼斯的巴勒斯坦解放組織（Palestinian Liberation Organization, PLO）。透過這些領導者將思維過程述說出來和他們呈現的行動，我觀察到領導者－追隨者心理的各個面向。在阿爾巴尼亞獨裁者霍查和羅馬尼亞獨裁者希奧塞斯古去世

後，當地流傳著一些與他們有關的民間故事，而我也曾考察這些故事。

佛洛伊德在與愛因斯坦（Freud, 1933b）的對話中說道，人類大可分為兩類，若非領導者，便是追隨者。顯然，後者遠遠占據多數。領導者─追隨者的關係是一條雙向道：它受到領導者個性以及追隨者意識和潛意識的共同願望及需求所影響和決定（Volkan, 1980, 1988, 2014a）。這條道路兩邊的來往移動取決於許多因素。雙向的交通可能因為領導者的心理構成，或追隨者意識和潛意識的共同需求，而變得擁擠。在某種程度上，這些需求集中體現在與大團體心理本身相關的議題上。

政治學教授詹姆斯・麥格雷戈・伯恩斯（James MacGregor Burns, 1984）基於他在約翰・甘迺迪（John F. Kennedy）政府的經驗，以及他對甘迺迪和其他政治人物的觀察所得，將政治領導者分成兩類：**交易型**（transactional）和**變革型**（transforming）。交易型領導者會根據民意調查和國家氛圍採取行動，並追隨現有的社會情緒，為其代言。在一個既定的體系之中，他們成功運用協商、操控、通融和折衷等方式來領導。在一個沒有經濟、政治或軍事壓力的穩定民主國家裡，交易型領導者的個性通常不那麼重要。

變革型領導者「超越甚至試圖重建政治體系，而非僅僅在已有體系之內運作」（Burns, 1984, p. 16）。

我們可以在伯恩斯對變革型領導者的論述裡，捕捉到其中呼應了德國社會學家馬克斯・韋伯（Maximilian Weber, 1925）對魅力型領導者的描述。韋伯指出，魅力型領導者會在

其所處的大團體內部出現危機時掌權。他觀察到，只要魅力型領導者所展現出的品質不超出追隨者對其魅力的信仰範圍，追隨者就會出於對其本人以及他帶來的啟示、他的英勇或他可為楷模的品質產生了信任，因而服從於他。我們可以說，魅力型領導者兼具父性和母性雙重特徵；魅力型領導者為其追隨者提供了一個「完整的」父母形象（Abse & Jessner, 1961; Volkan & Itzkowitz, 1984）。

在一個運作良好的民主國家，正式和非正式的「制約與平衡」體系會防止領導人的個性——由個人情感問題和正向適應狀態而在行為和感覺上所形成的習性——對政府和人民產生不當影響。在這樣的社會裡，即便是變革型領導者也不會造成根本的改變。然而，在社會及政治方面創建新的激烈進程之時，變革型政治領導者的個性會成為主要影響因素。

我將變革型領導者分為修復型和破壞型（Volkan, 2004），他們致力於改變追隨者的外部和內部世界，以提升他們的個人自尊，並修改他們的大團體認同。修復型領導者在不羞辱、不傷害甚或不殺害其他團體的情況下，完成或試圖完成這些任務。而破壞型領導者，則是指那些訴諸大量羞辱或摧毀其他團體的領導者。

在下一章中，我將集中討論政治領導者參與政治宣傳的問題。

【第五章】政治宣傳

　　廣義而言，政治宣傳可以被簡單地定義為任何來自政治權威的溝通與操控，其對象是國內和（或）國外的追隨者及反對者，還包括或可稱之為「中立者」的人們；它的目的是推廣宣傳者的願望和想法。首先，我將簡要介紹政治宣傳的歷史。

　　從史學的角度來看，政治宣傳的先驅或許是早期部落戰鬥時的吶喊，「意在鼓舞自己的團體，恐嚇敵人，並且給旁觀者留下深刻印象」（Kris, 1943, p. 382）。有一種古老的戰吼，人們稱它為「阿啦啦」（alala），伴隨著旗幟和制服等非語言符號出現，據說對希臘人及其敵人來說是個重要的心理因素。古羅馬軍隊使用高呼伴隨著震耳欲聾的喇叭聲，這種方式被稱為「喧囂」（clamor），之後，它逐漸演變為日爾曼的戰吼，也就是巴迪圖斯（barditus）。「羅馬史學家塔西佗（Tacitus）把它描述為一種刺耳的爆破聲，士兵們會用盾牌抵住嘴，使發出的聲音更長、更響亮」（Chakotin, 1939, p. 34）。它會由呢喃開始逐漸增強為吼聲，激發士兵達到強烈的亢奮。較近代的鄂圖曼帝國，直接就以他們的上帝名諱當作戰吼，似乎意味著他們的戰鬥獲得了上帝的認可，而且任何在戰鬥中犧牲的鄂圖曼士兵都會得到上帝的照顧。鄂圖曼帝國色彩繽紛的軍樂隊稱作梅赫特爾（Mehter），會在鄂圖曼禁衛軍高呼「真主！真主！」之時提供令人激昂的音樂背景。

　　隨著人類歷史的進展，在衝突時期，其他影響感覺和行為取代了戰吼，並為政治決策提供支援，而且無論在承平時期還是戰爭時期，都更加普遍應用這些方式。有趣的是，從最為廣義的角度來說，宣傳（此詞來自拉丁語「傳播」〔propagate〕或「播種」）的出現，與宗教、社會和政治組織形式的發展相並行。加斯‧喬伊特（Garth Jowett）和維多利亞‧奧唐納（Victoria O'donnell）[1]（1992）闡述了拉丁文「傳播」這一概念如何失去了它的中立性：1622年，梵蒂岡創建了傳佈信仰聖部（Sacra Conregatio de Propaganda Fide，即羅馬天主教的「傳播信仰的神聖集會」）；因此，在西歐新教徒之中，propaganda（宣傳）一詞便帶有了貶義，因為它與在新世界傳播天主教的計畫聯繫在一起，而這個計畫以犧牲並反對「改革的」信仰做為代價。

　　2000年，我在以色列擔任首位伊扎克‧拉賓研究員，有幸與已故歷史學家柏納‧路易斯（Bernard Lewis）[2]交談，他是普林斯頓大學專攻東方研究的歷史學家，當時也受邀前往以色列。在拉賓中心的一次會議上，路易斯（2000）提出，直到1789年法國大革命之後，現代意義上的政治宣傳才開始出現。

1　【編註】：加斯‧喬伊特是賓州大學歷史與傳播博士，曾主持加拿大政府溝通部門的社會研究，並擔任不同國際溝通機構的顧問，廣泛出版過有關大眾文化以及傳播史的著作，現任休士頓大學傳播學教授。維多利亞‧奧唐納現任蒙大拿州立大學傳播學教授暨榮譽學程的榮譽退休教授，曾在多所大學教授傳播相關課程，發表多篇文章探討說服、媒體的社會影響、電影和電視中的女性、納粹宣傳、集體記憶和文化研究理論等議題。

2　【編註】：柏納‧路易斯（1916-2018）英裔美籍猶太歷史學者，畢生致力於中東研究，精通土耳其文、阿拉伯文和波斯文，對中東地區的文化、政治、社會有高深造詣。

他認為，在那之前，統治者和普通民眾之間實質上不存在任何有意義的接觸。當權者不需要與公眾溝通，也不需要操控公眾——他們直接掌控一切。然而，在法國大革命的巨變之後，統治者需要政治宣傳來確保至少在表面上得到了人民的同意。

在這之前，心理－社會戰爭的研究先驅歷史學家哈羅德·拉斯威爾（Harold Lasswell）[3]，對於從精神分析的角度研究歷史很感興趣，他曾提到，「普通人和研究者都發現了宣傳的存在」這件事，是發生在第一次世界大戰期間（1914-1918）。「外行人先前生存的世界裡，並沒有一個共通的名稱來指稱藉由蓄意操控文字（和文字替代品）而形成某種態度的行為。」（Lasswell, 1938, p. v）到第一次世界大戰快結束時，通訊技術得到極大的進步，使得與公眾直接接觸的範圍達到了前所未有的規模。除了印刷品之外，電報和無線電也日益普及，得以影響大眾。第二次世界大戰期間，納粹透過宣傳造成的局面是，德國人建立起了「雅利安人」的認同，而數百萬猶太人和其他的人則被非人化和屠殺。納粹宣傳的重點在於維護元首（Führer）的全知全能。在追隨者的支持下，領導者的內在心理過程主宰了惡性的政治和社會後果。

可以預見地，通信技術近幾十年來的迅速擴散使得政治操控和影響的方式變得多樣起來。在當今的國際舞臺上，針對大

3　【編註】：哈羅德·拉斯威爾（1902-1978）在上世紀五十至七十年代是美國社會學界泰斗，是各種科際整合運動的主導人物。鑽研政策科學，為促進知識與行動的整合，創造了「政治科學」一詞，開拓社會科學的新領域。擔任過美國國務院司法、農業部門的顧問，曾於日本、秘魯、智利、印度進行研究、教學及諮詢工作。

團體認同議題的宣傳主要聚焦於在自己團體與相鄰團體之間，以及在國家內部是否擁護領導者的團體之間，建立起心理邊界。暴行可能是為了維持這種心理邊界所致。

美國總統川普經常使用社群媒體推特（Twitter）來發表政治言論、攻擊他的對手，還發表虛假言論。我認為，他的所作所為可以被稱為一種「新」形式的「宣傳」。他說美國正遭到不請自來的大他者「侵犯」，並且積極在美國和墨西哥之間建立一個身體／心理上的邊界，這增強了一種受害的感覺，並且升高了那些川普支持者對於淨化的欲望。

在這個過程中，一個具有破壞性的變革型領導者的宣傳機器，呈現出如下五個步驟：

1. 重新啟動一個選擇性創傷。
2. 增強大團體內部的共同受害感。
3. 藉由重返選擇性榮耀來增加「自家人感受」。
4. 對大他者進行貶低和非人化。
5. 創造一種有權利復仇的感受。

通過以上五個步驟，具有破壞性的變革型領導者創造了一種氛圍，大團體成員在這種氛圍中感到有權羞辱甚至摧毀當前的大他者，並淨化自己的大團體認同。

【第六章】運用樹模型和大團體諮詢

　　研究每個大團體的情況時，有必要從多個角度切入，以便找到大團體形成過程中的特定元素，瞭解它們的潛在含義，然後開始籌畫基於豐富心理資訊的政治、社會或外交策略，以化解大團體內部或多個大團體之間的衝突。在本章中，我會先概述一種提供這類策略及其應用的方法，我將其稱作樹模型（Tree Model）。早先，我已經發表過關於樹模型詳細應用的論述（Atik, 2019; Volkan, 1999a, 2006, 2013）。

樹模型

　　樹模型的概念基於這樣一種假設：當大團體處於壓力之下或陷入長期衝突時，上述大團體認同議題便會被捲入大團體之間在政治、經濟、社會、法律或軍事關係上的每一個面向。在這種情況之下，心理議題會汙染現實世界的議題，並對和平性和適應性的解決方案造成阻礙。在對立大團體之間進行建設性的溝通和磋商之前，在緊張局勢的緩和能夠制度化並長期維持之前，這些出現在意識和潛意識層面的心理「毒藥」都必須先清除掉。

　　樹模型這套方法，源於CSMHI的專家成員個人及團隊在各種長期田野研究專案所累積的豐富經驗。使用樹模型開展工

作需要持續數年，它總共包含三個部分：一、對問題的心理－政治評估（樹根）；二、心理－政治對話（樹幹）；以及三、成立機構（樹枝）。

對問題的心理－政治評估（樹根）

在前往某一特定國家或地區展開工作之前，CSMHI的跨學科團隊會研究這些敵對團體的歷史和文化，收集當前形勢的資訊，並辨識出問題。很顯然，我們從一開始就需要跨學科合作。比如，儘管CSMHI團隊中的歷史學家可能並不是研究某個特定國家的專家，但他所帶來的思維方式會有助於團隊理解收集到的資訊。臨床工作者則會對歷史事件的心理意象發表自己的見解。他們的諮商對象包括諮詢各國總統、大學校長、市長、計程車司機、教師和區域專家，當地報紙的內容也會成為他們的素材。

熱點（Hot places）

我用這個詞彙來描述在個別或集體層面引發大團體成員直接而強烈感情的物理位置，無論成員所屬的是種族、宗教、國家或意識形態大團體。熱點通常是人們不久前被大他者殺害並／或羞辱的地方。熱點會誘發大團體內部共同的積極或消極情緒，如悲傷、憤怒、受害、復仇的欲望，以及其他與複雜的悲傷或哀悼相關聯的情緒。就大團體心理學而言，在熱點聆聽不同個體的聲音，其意義相當於接受精神分析的個體在敘述夢境

那樣。

1991年，脫離蘇聯而重獲獨立的愛沙尼亞人當然非常高興。但是，CSMHI透過對愛沙尼亞人的廣泛密集採訪以及拜訪熱點，例如位於帕爾迪斯基（Paldiski）的前蘇聯核潛艇基地，從而揭露了愛沙尼亞未來前途之中較為隱晦的其他面向。我們發現，愛沙尼亞人承受著一種潛在的焦慮，擔心他們作為一個族裔團體的情況「正在消失」，擔心不再存在。他們那生活在他國統治之下的獨特選擇性創傷被點燃了。雖然有許多現實世界的議題需要處理，但認為愛沙尼亞將要「消失」的感受引發了對融合政策的抵制，他們反對將居住在愛沙尼亞的俄羅斯人和非愛沙尼亞的俄語人口（占總數的三分之一）融合進來。愛沙尼亞人和俄羅斯人的「血」如果「混在一起」，那麼愛沙尼亞人的獨特性在這個新獨立的國家裡或將不復存在。於是我們的分析研判指出，有必要幫助愛沙尼亞人區分真正的問題和幻想的恐懼，如此一來他們才可以更具適應性地去處理居住在愛沙尼亞的俄羅斯人和俄語者的融合問題。

心理－政治對話（樹幹）

做出研判之後，下一步便是召開一系列敵對大團體（或存在分裂的單一大團體內部）成員之間的心理－政治對話。雙方分別選出十至十五名代表與會，有影響力的官員和決策者是理想人選，並完全以非官方的身分會面。一年中將進行多次會面，每次持續四天，這些討論小組會作為「實驗室」，呈現

他們所代表的大群體之中正在發生的事情。在這個「實驗室」裡，促進對談的人會看到並幫助識別那些為保護大團體認同而被啟動的事件。其中一些事件具有敵意，會阻礙朝向和平、修復和共存的理性進程。

我們曾召集有影響力的土耳其人和希臘人進行對話，討論的議題是他們在愛琴海和賽普勒斯的衝突。首次會談的第一天，當與會者表達對「敵人」的看法時，令人挫敗的情緒隨之高漲。而在當天的晚餐時分，與會者像「朋友」一樣享受著相處時光。在第二天早上的會議時，一位希臘與會者談到了她的困惑：白天，她感到痛苦和憤怒，而在晚上，她感到友好和睦。她究竟應該如何表現？促進對談的工作人員於是幫助她瞭解，她的個人認同和大團體認同處於一個連續光譜之上，在會談期間，她當然是大團體的發言人，而在晚餐時，她的個人認同則占據了主導地位。會談期間，她和其他希、土與會者被要求披上代表他們大團體認同的帳篷帆布做為服裝。這將是近距離觀察土耳其－希臘互動時的心理動力學的唯一方法。換句話說，CSMHI並沒有試圖在會議中刻意營造一種在情緒上表現出文明的氛圍，而是將目標放在允許焦慮和憤怒等情緒以適當的程度表達出來。CSMHI團隊的臨床工作者努力確保這些情緒對洞察衝突是有益的，這些情緒既不會退化到具破壞性，也不會遭到否認而只剩下毫無感情的理智發言。

心理－政治對話是樹模型成功的關鍵。心理－政治對話的特色，在於行為和策略上具有特定的關鍵模式和策略。在每次為期四天的會議之中，以及在整個兩到三年的較大型系列會議

之中，這些關鍵模式、策略會不斷地演變和重複。接下來，我將對其進行簡要描述，而不提供每種模式、策略的深入示例。有關美國精神醫學學會贊助的阿拉伯－以色列對話，以及CSMHI與其他敵對大團體代表工作的詳細示例，請參照我以往的文獻（Volkan, 1988, 1997, 1999a, 2006, 2013）。

置換到小型衝突之中

有時候，在對話會議的開始階段，具有破壞性的情況會突然出現，占據所有與會者的注意力和精力。這種情況通常會伴隨一種緊迫感，然而，這種「危機」的內涵相較於對話會議所要解決的大團體顯著衝突而言，本質上根本無足輕重。我把這種情況稱為「小型衝突」。例如，在一次以色列和阿拉伯高層對談的會議上，一名阿拉伯代表要求默哀一分鐘，以紀念一位逝去的阿拉伯人，而這位逝者顯然是以色列的敵人。我便請求所有與會者起立，默默在內心向任何他們想要致敬的人獻上敬意。這個小型衝突就此化解。

小型衝突很像伊莉莎白時代悲劇上演之前的假面舞會。這些假面舞會對之後的戲劇所要探索的內容，提供了濃縮和象徵性的暗示。「……促進小組的領導者應該在維持現實與中立的狀況下謹慎地留意它，秉持著妥協的態度去解決它，以確立對話的基調。」（Volkan, 2013, p. 58）

回聲現象

在心理－政治對談期間，我曾看過某些近期的軍事或政治

發展對團隊的工作會形成某種陰影，進一步點燃情緒，導致人們對適應狀態的抗拒更加劇烈。我將這稱為回聲現象（echo phenomenon）。因此，為了使正向的協商可以繼續下去，有必要對這種陰影以及它對雙方的意義加以承認並予以消化吸收。

競相表達自己的選擇性創傷和選擇性榮耀

在非正式對話會議之中，尤其是在開始的階段，與會者羅列積怨的衝動似乎是不由自主的。敵對大團體的成員經常會在對話中展開一場羅列歷來積怨和昔日勝利的競賽，其中便包括選擇性創傷和選擇性榮耀。他們不會同理對方的喪失和傷痛，也不會欣賞對方的榮耀。因此，促進者小組的任務是成為同理傾聽的榜樣。

投射和投射性認同

置身於衝突中的大團體成員或許會試圖透過將自己身上不想要的部分外化到敵人身上，投射自己不想要的思想、感知和願望，藉此來定義自己的認同。比如，**我們**不是麻煩製造者，**他們**才是。通常情況下，對敵對大團體的投射反映出「我們」和「他們」之間明確立場的二元區分：我們是「好的」，他們是「壞的」。在系列對話之中，我們注意到，投射也會涉及到兩個敵對大團體代表之間更為複雜的關係，其模式類似於精神分析師在個體患者身上看到的那樣，即梅蘭妮・克萊恩

（Melanie Klein, 1946）[1]所提出的「投射性認同機制」。在系列對話之中，其中一組人員可能會把自己的願望投射到另一組人身上，包括預期對方會如何思考、如何感受或如何行為。然後，前者便認同容納了他們投射的大他者——這個大他者便被感知為果真按照著前者的期望而行動。事實是，一方成為了另一方的「發言人」，而且由於這個過程是在潛意識層面發生的，所以前者會真的相信自己關於敵人的評論無誤。然而，因為這個「關係」是基於一方片面的心理過程而形成，所以它是不真實的。促進者小組的任務是解釋或干預投射性認同的發展，因為它一旦發展，對現實的感知將會受損。

手風琴現象

　　CSMHI團隊觀察到，在公開表達選擇性創傷和選擇性榮耀或者其他一些衍生物之後，且更具有同理性的溝通開始時，敵對大團體的代表便會體驗到友善關係逐漸萌生。這種親密感會突然在彼此身上消失，隨後又再次出現。這種模式會不斷地重複很多次。我將這一狀況比作演奏手風琴——風箱擠壓在一起、又再分開的過程。最初的疏遠是一種防衛策略，雙方讓攻擊態度和情感保持在受到抑制的狀態，因為一旦敵對者聚在一起，他們可能會彼此傷害（至少在幻想層面），或者反過來成為被報復的目標。當敵對團隊被置於同一空間，共同在意識層

1　【編註】：梅蘭妮・克萊恩（1882-1960）為英國精神分析師，生於布達佩斯，被譽為兒童精神分析與客體關係發展的先驅，繼佛洛伊德之後對精神分析發展最具有卓著貢獻者之一。

面為和平付出努力時，有時候他們必須否認自己的攻擊性，因為他們是在一種虛幻的聯盟之中勉強聚在一起。當這種狀況變得令人窒息，危險的感覺便會降臨，距離就會再次拉開。只有當促進小組允許手風琴演奏一段時間，直到擠壓和疏遠變得不再那麼極端之後，最能針對現實的討論才會發生。

細微差異

我們發現，就心理層面而言，存在於敵對團體之間的細微差異，往往比語言、地域等主要差異更難處理。當細微差異成為阻力，促進小組需努力增進和驗證每個團體的認同，如此一來，細微差異便不會擴大。

個人經歷

在對話之中，與會者一律會提到與當前大團體衝突有關的個人經歷。最初，個人經歷通常以非黑即白的方式反映「我們」和「他們」（或「我」和「他們」）的心理。這類似於臨床工作者在某些患者身上看到的分裂機制，這些患者用分裂的方式去感受自己和親密的人，而他們的心理意象要麼全「好」，要麼全「壞」。然而，隨著同理心的發展，個人經歷中開始出現矛盾心理。矛盾心理的出現意味著個體開始承認他人的身分是一個完整的存在，他們與自己既有相似，又有不同，既有受人喜歡的部分，也有不受喜歡的部分；他者開始變得越來越具有人性。

將衝突象徵化並拿來「戲耍」

CSMHI小組注意到，當同一批敵對大團體的代表完成每年數次、持續二至三年的會面之後，對話中會漸漸出現代表衝突各個重要面向的象徵或比喻。例如，較弱的一方稱自己為小老鼠，而將較強的敵對方稱為大象。然後，與會者會開始拿這個比喻來「戲耍」，把它像球一樣踢來踢去。隨著這遊戲繼續進行，有害的情緒開始逐漸消失，笑聲之中常常含有戲謔的成分。隨後，代表們便可以針對議題，開展嚴肅且現實的討論。（值得注意的是，促進小組不應該引入或杜撰一個比喻或「玩具」供與會者戲耍——它必須由與會者自己創造或提供。）

與會者在對談中創造並戲耍象徵和比喻的一個積極影響，是將大團體的**象徵雛形**（protosymbols）（變成所象徵之物本身）轉換為象徵。在類似戰爭的情況下，大團體的文化放大器會被一方或雙方視為象徵雛形，它不僅僅是象徵，而是真實的。將它們逆轉為象徵，便是進步的標誌。

時間延展（**Time expansion**）

當選擇性創傷及其衍生物被重啟，人們便會感受到與之相關的情感和知覺，彷彿創傷才剛剛發生——它們與當前的一些情感和知覺融合在一起，甚至被投射到未來。不難理解的是，這樣的時間坍塌使得解決當前衝突的嘗試變得複雜。為了抵制這種現象並鼓勵時間延展，CSMHI的促進小組允許與會者討論選擇性創傷本身以及與大團體衝突有關的個人創傷。於是，過去的感覺和議題就與當前的問題拉開距離而分離開來，更為

緊湊的現實協商即由此展開。

新的思考方式

　　基於對上述對話過程所進行的觀察和理解，CSMHI的促進團隊會介入且引導討論去削弱或消除心理層面的阻礙，推動與會者之間更具現實性的溝通。隨著時間的推移，與會者們會開始產生一些創造性的想法，去應用和提升這些新的思考和互動方式。

成立機構（樹枝）

　　樹模型的第三個組成部分，是要將會談之中的洞見轉化為影響相關大團體的具體行動。在與會雙方和接受CSMHI培訓的當地聯絡者的合作之下，CSMHI小組嘗試將已取得的進展制度化，以防止進程的停滯或倒退。當地聯絡團隊成員中有臨床工作者，他們接受培訓，在相關的社會基層中創建共存或合作的模式。

　　例如，在愛沙尼亞進行心理－政治對話之後的三年內，我們得以在兩個村莊開展共存模式的專案，這兩個村莊的愛沙尼亞人和俄羅斯人各占總人口的一半。除此之外，我們還建立了一個促進愛沙尼亞和俄羅斯學童互相融合的模式，並對俄羅斯人取得愛沙尼亞公民身分所需的語言考試產生了影響（Volkan, 1997, 2006, 2013）。在此過程當中，最重要的任務是「教導」基層人民如何獲取政治權力，並幫助當地聯絡團體發展成

為具有影響力的非政府組織。

諮商工作

　　樹模型是一套用於預防性或糾正性的新型非正式外交方法，由中立的第三方有系統地實施。自我從維吉尼亞大學退休，及CSMHI於2005年關閉之後，樹模型未再應用於任何國際問題或大團體內部問題。我受邀成為世界各地（例如科威特、馬來西亞、土耳其、哥倫比亞）權威人士或有力人士的顧問，並試圖理解他們正在處理的大團體發展過程中所面臨的意識和潛意識議題（Volkan, 2013）。在CSMHI團隊長達數十年的工作所教會我的東西，對於為近期由大他者造成的創傷建議適應方式、探尋和平共處的途徑，以及防止社會衝突的出現，是最為有用的。

　　最近一次要求我協助解決大團體問題的諮商邀約，發生在2019年，那真的令我感到驚訝。我受邀督導兩名由英國政府派遣至皮特肯群島（Pitcairn Islands）的工作人員，並與他們討論島上居民的未來。皮特肯群島位於太平洋中央，屬於英國的領土，它因為一七九〇年代英國皇家船艦邦蒂號（HMS Bounty）的叛變者（連同他們「綁架」的九名大溪地男人和十二名大溪地女人）驅船逃跑並在此定居而聞名於世，那次事件稱為「邦蒂號叛變事件」。如今，皮特肯群島上居住著四十五人，其中大部分是叛變者的後代。英國政府在這裡安排了一小隊公職人員，包括管理人員、員警、保健人員、教師。

2004年，皮特肯群島上爆發了一樁性侵兒童的醜聞，最終六名男子被判有罪，關押在此。我所督導的兩名工作人員，肩負的任務便是協助島民為社區的存續設想出一項策略，或者，如果人口無法存續下去，則改換另一套策略。我的督導工作幫助工作人員認識到，對於皮特肯群島的居民來說，共同擁有的**邦蒂號身分認同**是何等重要。但它阻礙了島民處理當下的現實問題和挑戰。在皮特肯社區中，許多人擔心自己會失去身分的核心。這兩名工作人員已成功開啟了處理皮特肯群島問題的歷程。

國際對話倡議組織

我在第一章已提及，2008年我創建了國際對話倡議組織（IDI）。我的初衷是將世界各地的代表聚集起來，一同審視國際緊張局勢，尤其是中東地區與西方世界之間的緊張局勢。在精神分析師約翰·奧德代斯勳爵（Lord John Alderdice）的幫助下，我遴選了來自德國、伊朗、以色列、俄羅斯、土耳其、英國、美國和約旦河西岸等國家或地區具有影響力的人士，作為IDI的成員。約翰·奧德代斯勳爵當時居住在北愛爾蘭，是推動該地區締造和平的關鍵人物。自那以後，組織成員以每年兩次、每次三天的頻率會面。

如今，IDI是一個獨立的組織，在美國擁有公益組織身分（www.internationaldialogueinitiative.com）。IDI的首批成員仍在持續會面。對我來說，這些會面已經成為一種渴望發展的

象徵，它清楚地表明，當對立大團體的成員彼此對話時，就不會相互殘殺。

在現任主席傑拉德・佛洛姆（Gerard Fromm）博士的領導下，遴選自不同國家的「沃爾肯學者」（Volkan Scholars）開始參加IDI會議。佛洛姆博士也是奧斯丁瑞格中心（Austen Riggs Center）艾瑞克・艾瑞克森教育研究所（Erik Erikson Institute for Education and Research）的所長。

2017年起，IDI開始提供為期兩天的大團體心理學培訓工作坊，讓學員有機會反思其個人生活中的大團體身分認同，並在致力於將大團體心理學的原理應用到處理社會衝突的實際工作時，檢視不同的案例狀況。我們的前三期培訓專案在奧地利維也納和瑞士日內瓦舉辦，參與者來自美國、歐洲、中東、中國和南蘇丹等地，學養背景包括管理顧問、教育工作者、衝突解決工作者和精神分析學家。

【第七章】謝里醫院：對種族主義的個人觀察

　　對大團體心理學本身的檢視，是涵蓋了對種族主義的研究。種族主義是一種歧視，它所根據的信念是認為在種族之間，存在著生物體質上特定的不平等，而這種不平等反映出了「低等」種族成員的人格、智力和文化是有所缺陷的。現代的種族主義理論所強調的則是更為廣泛、更以人類學視角為基礎，諸如宗教、語言、家庭和社會結構，並以強調價值體系來為維持種族隔離而辯護，且認為價值體系是無可改變的。種族主義和種族仇恨，長期以來都和與族群認同有關的「種族概念」，彼此混淆。如果我們將種族主義和種族中心主義（ethnocentrism）都視為敵意或惡意的偏見形式，這兩個觀念令人困惑的重疊部分往往也就被忽略了。

　　我的童年是在賽普勒斯度過，那時候的我就知道島上各種族之間的差異。在激烈的種族衝突期間，我以前的室友遭到殺害，我的家人被監禁在飛地之中長達十一年，有時候我會對賽普勒斯的希臘人懷有深深的敵意；但是，就像賽普勒斯的土耳其人一樣，他們也是人：他們並不屬於「低等」種族。隨著時間流逝，我不再對他們懷有那樣的敵意，而且喜歡跟我的希臘朋友們待在一起。

　　在我的記憶裡，整個童年和青少年時期，我只見過三位非洲裔的賽普勒斯土耳其人。其中一位是小學老師，也是我姊姊

的朋友。另一位則會騎著他的自行車經過我們房子前面，看到我和朋友們在街上玩耍時，便會跟我們說一聲「嗨」。還有一位是個比我小的孩子，他是我們童子軍的成員。他們都是有著黑色皮膚的賽普勒斯土耳其人。而如今，數百名來自非洲的學生在北賽普勒斯的幾所大學裡就讀。

在成為精神科醫師之後，我瞭解到孩子才三個月大的時候就開始可以感知到顏色，一歲大的時候可以辨別顏色。1970年，瑪喬麗・麥克唐納（Marjorie McDonald）寫了一篇關於**膚色焦慮**（skin color anxiety）的文章。她認為，當年幼的孩子面對不同膚色的人時，他們腦海會登錄這種差異，並會感到焦慮。我不記得自己曾在孩童時期經歷過膚色焦慮，即便在我來到美國，並且瞭解帶有敵意的種族主義是什麼意思之後，我也不覺得自己經歷過膚色焦慮。本章中，我將描述我個人對敵對種族主義的觀察和它對我的心理影響。

1958年到1961年我在北卡羅萊納大學接受精神醫學住院醫師的培訓時，得到了北卡羅萊納州政府的一些經費支持。作為回報，我同意訓練一結束（1961年底）就到一家州立精神病院工作兩年。作為一名新來的精神科醫生，我被分配到北卡羅萊納州戈爾茲伯勒（Goldsboro）的謝里醫院（Cherry Hospital）。這家醫院在1880年8月開業時，名稱是「有色精神病患療養院」（Asylum for Colored Insane）。它是第一批僅收治非裔美國人的精神病院之一。

1845年，美國精神病院醫療監督學會（Association of Medical Superintendents of American Institutions；後更名為美

國精神醫學學會）的領導者，醫學博士法蘭西斯・斯特里布林（Francis Stribling）發表了一篇有關「心智不健全的有色人種」的報告。他在文中提到：

這裡並沒有為這類患者提供足夠舒適的住宿條件，儘管偶爾有為自由黑人和奴隸說話的人向我們提出申請，但在我們看來，接納他們的意見是不切實際的。簡單來說，出於各種原因，一個為有色人種設立的機構應該完全有別於那些為白人精神病患設立的機構，我們認為這才是令人滿意的。（Davis 2019, p. 9）

1870年，在維吉尼亞州的里奇蒙（Richmond）附近，政府為非裔美國人開設了第一家臨時性的精神病院。永久性質的精神病院要到1885年才在維吉尼亞州的彼得斯堡（Petersburg）附近成立（Davis, 2019），也就是在北卡羅萊納州戈爾茲伯勒的「有色精神病患療養院」創建五年之後。那家開在戈爾茲伯勒的醫院曾多次更名。1959年，為了紀念州長葛列格・謝里（R. Gregg Cherry），醫院更名為謝里醫院。我在謝里醫院將近兩年的工作結束之時，它仍然是一所僅治療非裔美國人的機構。在搬到維吉尼亞州的夏洛特斯維爾後，我多次以顧問的身分前往彼得斯堡附近的那家醫院。那時候，它已經不再是一個僅收治非裔患者的醫院了。

身為一個年輕人，正就如俗話所說，我是為了尋找「黃金」而來到美國。對我來說，「黃金」指的當然不是錢財，而

是拓展心智、擁抱人類崇高理想的願望。然而，我在美國的第一份工作，也就是在謝里醫院，我發現自己處在一個極端缺乏人類尊嚴的環境中。這意味著我即將開始近距離地觀察，這種充滿敵對態度的種族主義及屈服其下的人們所造成的影響。

我還記得，在二十世紀六十年代的早期，謝里醫院的白人醫生沒有一個出生在美國。非洲裔精神患者完全由移民的白人醫生負責治療，他們之中許多人都是從立陶宛或匈牙利等共產主義國家逃出來的，並且遭受過創傷。我們要閱讀一些書籍和論文，以便理解我們患者的心理問題，而謝里醫院便收治了成千上萬這樣的患者。很多參考文獻都提到了非裔患者常見的一種妄想：成為白人的妄想。擔任法醫的精神科醫師約翰·林德（John Lind, 1914a, 1914b）是大多數作者追隨的對象，他創造了專門針對「美國黑人」的「膚色情結」（color complex）一詞。受到所處時代的影響，林德相信非裔美國人的心理過程沒有白種人複雜，並將非裔美國人看作「小孩子」，認為他們的夢是其願望的直接實現。林德總結道，非裔美國人的夢暗示了他們想成為白人的簡單願望，而這種詮釋在他所研究的非裔患者的妄想之中，找到了進一步的支持。

其他作者聚焦在非裔病患「膚色情結」的許多論文和書籍，則認為非裔美國兒童在接觸了白人兒童之後，便開始根據自己與白人膚色或其他白種人特徵的接近程度，來衡量自己的個人價值，以及大多數有心理問題的非裔美國人都存在否認膚色和希望成為白人的願望（Brody, 1963; Charles, 1942; Dai, 1953; Goodman, 1952; Kennedy, 1952; Myers & Yochelson,

1948; Vitols, Walters, & Keeler, 1963）。我們的非裔患者所出現的心理問題，被歸咎在他們的霸道母親和缺席父親身上。那時候，沒有哪篇文章認真考慮過敵對種族主義在非裔患者症狀發展上所扮演的角色。直到二十世紀六十年代末和七十年代初，傑出的非裔美籍精神科醫師家查爾斯・平德休斯（Charles Pinderhughes）和查爾斯・威爾克森（Charles Wilkerson）才開始發表論文，探討非裔美籍黑人成為承接白種美國人將自身不想要的某些面向或想法予以外化的容器（Pinderhughes, 1969; Wilkerson, 1970）。這些學者還藉由例證揭開了一些神話，比如，所有貧困兒童都可能在學校表現不佳，而不僅僅只有黑人兒童如此。

　　我在謝里醫院的首項任務，是在一個上了鎖的病房裡，照看其中的一百位患者。第一次走進這個病房時，我發現我是裡面唯一的白人。當非裔看護工陪著我順著一條長長的走廊四處參觀時，一個大塊頭男患者試圖攻擊我。看護工制止了他，我並沒有受傷，但那場面相當可怕。接著，我注意到看護工面露笑容。他們告訴我，這個試圖傷害我的患者一看到白人，就會變得「瘋狂又野蠻」。他們想要讓我知道這點，為的是警告我切勿單獨接近他。雖然他們的解釋傳達了他們對我安危的擔憂，但細細回味後，我漸漸開始認為這些非裔看護工可能設計好要嚇唬我。他們要我務必被一位非裔美國人嚇到，用這種方式間接地讓我知道，他們對年輕白人被指派成為他們上司，滿懷著沒說出口的挫敗感。

　　那時候，謝里醫院有個晨間慣例，那就是每天大約一百名

患者要接受電擊治療。患者們會兩兩一組排成長龍，等待進入一個房間，然後被固定在擔架上。看護工會在他們的前額貼上電線，並把一塊布放進他們的嘴裡，以防他們在抽搐時咬到舌頭。醫院不會提供麻醉劑給他們。一個白人醫生會按下按鈕來施予電擊。我也同樣「被命令」實施電擊治療；否則我將失去我的工作。有一天，我的腦海中浮現出一個清晰的聯想，等待電療的患者隊伍宛若電影中被引導到毒氣室的猶太人隊伍。這聯想令我感到羞愧和內疚。

一個擁有兩塊胎記的男人

在作為精神科醫生的第一份工作中，我也注意到一些非裔患者對膚色的執著。比如，有一個二十九歲的患者，他的前額處有塊脫色的皮膚，是個直徑約五公分的斑點。人們告訴他，他母親在懷他的時候喝了「甜牛奶」，而當她想要喝更多的牛奶時，就用手揉了揉自己的額頭。大家便推測，他額頭那塊自出生就有的斑點便是因為這個動作的關係。從很小的時候開始，他就有個綽號叫作「白斑」。他還是個孩子的時候，自己的白斑症所帶來的矛盾情感就讓他掙扎不已。有些時候，他會用牛奶清洗那塊斑點，因為有位非裔老婦人告訴他，這麼做會讓那塊斑點消失。自童年以來，他一直遭人嘲笑有個白人父親。

這位患者還有塊胎記在他的右膝上。與他的「白斑」相反，第二塊胎記色素沉著較深，看上去比他的膚色還暗。他給

這塊胎記取名為「黑斑」。這兩塊胎記分別代表了他幻想中的「白人血統」和他的「黑人認同」。

　　這位患者擁有一個性伴侶眾多的母親，在他十一歲時她便去世了。他從不知道自己的父親是誰，而這助長了他擁有一半白人血統的幻想。他之所以被送來謝里醫院，是因為他在望著滿月時，就會出現「發作」，也就是某種帶有抽搐的痙攣。他在結婚五年後被非裔太太趕出了家門，而第一次發作的時間正好是被趕出家門滿一年的時候。他有一本日曆，上面印有月亮盈虧的圖片。

　　我幫助這位患者去思考，為什麼他對月亮如此的癡迷。他回憶到，五、六歲的時候曾聽過一個關於月亮的傳說。他聽說月亮上有個白人，他會在月亮上的灌木叢裡生火，而這會讓滿月發出光輝。作為一個成人，他在理智上從未相信這個傳說，然而現在，他意識到自己一生都在觀察滿月，為的是能看到月亮上的男人（一個男人的形狀）。在他痙攣發作之前，有一些衛星被送入太空，而他得知，一個俄羅斯人（一個白色的「敵人」）已經登上了月球。

　　儘管我當時是個缺乏經驗的年輕精神科醫生，但我設法幫助這位患者展開聯想，將月亮與他的「白斑」和他幻想中的白人父親連繫起來，而這個白人父親拒絕他，並且屬於將他視為低人一等的那些人。至於他的「黑斑」則跟來自他非裔母親的某些東西有關。他告訴我，打從青春期之後，他從未向任何人展示過他的「黑斑」，唯獨一個人例外，那就是他的前妻。而遭到前妻／母親角色的拒絕後，從心理層面來講，他便把注意

力轉向了幻想中的「白人父親」，並且將其視作敵人。這位患者向我展示了他的「黑斑」，雖然我並沒有要求他這麼做。那之後的一天夜裡，他看到了滿月，卻沒有「發作」。在謝里醫院住了三個月後，他出院了。

在謝里醫院的經驗讓我逐漸意識到，大多數患者想要成為白人的「願望」裡，同時又伴隨著對於擁有白人血統的焦慮。我意識到這些患者既認同他們的壓迫者，又否認自身被迫承接了壓迫者拋給他們的「壞」成分，比如智力低下，因此而感受到的痛苦。很久以後，當我想到用帳篷這個比喻來描述大團體認同時，我便描述了帳篷帆布如何遭到帶有敵對種族主義或種族中心主義的他者丟出來的泥巴所玷汙。

在精神分析師開始研究猶太大屠殺倖存者的代間創傷之後，我們開始警覺到在精神分析中不能忽視種族、膚色和創傷因素（Adams, 1996）。非裔美國人的祖先忍受了長達二百四十四年的奴役和將近一個世紀的制度化恐怖手段。來自迦納（Ghana）的精神分析師莫里斯·艾普瑞（Maurice Apprey, 1996, 1998）認為，美國的「黑人迫害黑人」和非裔美國人青春期懷孕等狀況，都與奴隸制有關。隨著幾十年過去，受害的群體已經忘記了最初的敵人是誰。

美國奴隸歷史的「重演」

在謝里醫院工作的第二年，我被分配到醫院旁邊一個農場的建築裡與患者一起工作，那個地方被稱為「農舍」——充當

某種用來觀察美國奴隸歷史「重演」的實驗室。在二十世紀六十年代早期，謝里醫院旁邊有一塊二千三百英畝的土地，人們稱作謝里農場，那裡種著果樹，有個蘋果園，還種植蔬菜和甘蔗，飼養著豬、雞、火雞和奶牛等牲畜。醫院所需的牛奶、雞蛋、豬肉和百分之七十的牛肉都由這個農場提供。謝里醫院的伙食非常美味。我經常會和其他移民醫師以及他們的家人共進晚餐。他們大多數時候都在談論留在家鄉的親戚；他們對談論我們的患者沒什麼興趣。

農舍裡住著五十幾位二、三十歲的男患者。第一次走進那裡，我發現所有人看上去都在身體方面都非常健康。那時是探視時間，我注意到有很多母親、妻子或朋友和親戚與他們閒話家常。不僅如此，還有很多孩子，農舍裡一片笑語喧聲。這個地方看上去不像是一般的精神病院，我覺得我似乎在目睹很多家庭的週日野餐。

去農舍之前，我以為那裡的患者會從謝里農場的工作中獲益，因為他們參與了一種職業治療。但是，當我注意到一位美國白人出現在其中時，我震驚不已；他是負責「農舍」的看護總管，正在監督患者與他們家人的團聚。他穿著靴子，手裡拿著鞭子，看上去像個馴獸師。當我向他介紹自己是患者的新「醫生」時，他並不怎麼在意我。我好像是一個沒份量的訪客來到了他的種植農場。

我開始跟農舍裡的患者逐一見面和交談。那個穿著靴子、拿著鞭子的男人並不介意我這麼做，除非我讓他的「奴隸」離開工作崗位太久。我發現幾乎所有患者都有一個共同的「妄

141

想」，而那並非是要成為白人的那種「願望」。他們覺得自己是「種男」（Bucks），剛開始，我並不知道「種男」是什麼意思，但很快我便瞭解到，在奴隸制時期，年輕而強壯的男性奴隸被稱作「種男」，他們的任務是讓奴隸婦女懷孕，好讓奴隸人口增加。隨後，我瞭解到這些農場裡的患者有著同樣的防衛性適應方式。彷彿他們正生活在奴隸時代的種植園裡，在一個穿著靴子、手拿鞭子的白人監工手下幹活。而「相信」自己因為性優勢和繁殖目的而被選中，是他們試圖掩蓋自己無助和屈辱的方式。當我看著他們與家人和朋友在一起的時候，他們的行為的確有如「種男」一般。（更多關於「種男」的內容，參見：Andrews & Fenton, 2001; Fogel & Engerman, 1995; Follett, 2003）

突然面對種族隔離廢除的四位非裔青少年詩作

我在謝里醫院工作的時候，北卡羅萊納州開始「廢除種族隔離」。有色人種在這種狀況下會如何？前一天，他們還沒有坐在白人旁邊的「特權」；一夜之間，法律便允許他們可以這樣做。涉及歧視的法律條款被廢除之後，受到創傷的自體又會如何呢？

一天，有人告訴我，四名非裔青少年因患有「急性思覺失調症」而住進了謝里醫院。與他們見面交談的時候，我意識到，他們之所以罹患所謂的「思覺失調症」，是因為他們突然發現自己置身於種族隔離廢除的狀況之中。當時，北卡羅萊納

州剛剛成立一所青少年評估中心，其他仍存在種族隔離的地方也會將一些白人和非裔的青少年男女轉送到這裡。這個新的中心除了睡覺的地方之外，完全取消了種族隔離。白種美國人和非裔美國人不得不分開睡覺，這個事實提醒著人們這兩個種族之間的差異。然而，他們可以一起跳舞。而這四個男孩之所以被送進謝里醫院，是因為他們發現自己與白人男孩生活在一起而整個人困惑了；而更令他們不安的是，他們竟然也與白人女孩可以靠得很近。

在謝里醫院的情境下，我沒有足夠的時間去詳細瞭解這四個青少年的生命經歷。年紀最大的男孩名叫詹姆斯，當時是十六歲半。他來自北卡羅萊納的一個地區，當地以走私活動和青少年犯罪為人所知。在十個兄弟姊妹之間，他排行老二。他的父親大部分時間都不在家中，因為他為了支撐家計在另外一個州工作。作為家中最大的孩子之一，這位患者大部分狀況下都自行其事。有時候，成年人將他帶到樹林裡幫忙非法蒸餾威士忌。他認為這個世界充滿了憤怒和威脅。因為隨身帶著小刀，他便被送往專門為非裔男孩開設的「黑人管訓學校」。後來，他便被轉送到了這個廢除種族隔離的青少年評估中心。在這個地方，他開始對白人變得多疑，而且好鬥。他被診斷患有思覺失調症，於是住進了謝里醫院。

十六歲的納特是一個性伴侶眾多的母親所生下的私生子。五歲之前，他和母親、妹妹以及一位他稱為「父親」的男人生活在鄉村地帶。之後，這家人搬到了鄰近的城市，將那個男人拋在了腦後。我感覺到，納特對母親很憤怒，因為是她拋

下那個男人，迫使他們分離。他的母親干擾了青少年的男性認同過程。納特告訴我，「為了生存，他必須表現得很凶狠」。他從一家二手車行偷走了十二塊美金，然後也被送進了「黑人管訓學校」。幾個月之後，在沒有任何準備的情況下，他又從這所管訓學校轉到了廢除種族隔離的青少年評估中心。在這個機構，他開始夢到白人男孩與非裔男孩一起坐在中心的餐廳裡面，看著白人女孩和非裔女孩。在一個夢裡，他看到一個非裔女孩、一個白人女孩和他自己。他告訴那個非裔女孩，她的頭髮很漂亮。然後，那個非裔女孩向白人女孩走去，指著白人女孩的頭髮，問他覺得這個白種美國人的頭髮怎麼樣。這些夢境讓納特感到很焦慮。

　　第三個患者是一位長相英俊的十四歲男孩。他是家中六個手足裡面最小的孩子。在他成長的過程之中，他覺得父親在婚姻裡是個弱勢的伴侶。他的母親和大哥以一位著名白人影星的名字為他取了名字，這位明星演過多部大受歡迎的牛仔電影。患者並不知道自己為何會被取這樣一個名字。他對自己的名字很敏感。雖然他在意識層面並不想與這位著名的「白人牛仔」扯上關係，但他早年的記憶和兒童時期的白日夢都充滿了對牛仔和馬匹的迷戀。就像納特一家一樣，在我見到他的兩年之前，這位患者和他的家人也離開了鄉村，搬到城市去。這次搬家讓他注意到周邊的環境出現更多白人，也讓他更加暴露於種族主義的氛圍之中。患者因為偷了鄰居的食物，而被送進了非裔管訓學校。之後他又從管訓學校轉到了青少年評估中心，很快便被診斷為思覺失調症。和我談話的時候，他也說出了自己

對中心的非裔女孩和白種女孩所產生的性欲。

　　克拉倫斯是十二歲。他的母親一直沒有和他的父親結婚。克拉倫斯三個月大的時候，他們就分開了；兩年後，父親便死於車禍。克拉倫斯是由外祖父母撫養長大的，因為母親根本已經成為酒鬼了，而且大部分時間都在監獄裡。大約在我見到他的前一年，他的母親再次被判入獄六個月。克拉倫斯變得非常惱怒。他的外祖父母拿他沒轍，所以他便被安置在寄養家庭裡生活。然而，他卻從寄養家庭逃走，於是被送進了非裔男孩管訓學校，不久又被轉送到了青少年評估中心。

　　在來到這個廢除種族隔離的地方之前，他一直認為白人都是非常刻薄的，因此採取了被動態度以求脫身，每一次在評估中心遇到白人，他必定會說一聲「你好」。有一次，一個白人男孩打了他的腹部。之後，他便出現了腸胃的症狀，並且出現了「幻聽」，他聽到一個男人的聲音告訴他，有人就要死了。跟我交談的時候，他回憶起外祖父母曾經告訴他遠離白人和他們的住所，否則他會挨打、受罰或被處以私刑。根據謝里醫院的心理測試，他並沒有罹患精神病。

　　這四個青少年是在「黑人管訓學校」結識的。隨後，他們成為首批被送往已解除隔離的評估中心的十位非裔男性「未成年行為不良者」其中的四位。開始與他們見面幾週之後，我注意到，他們已經出現一些我後來稱之為「治療性演出」（therapeutic play）（Volkan, 2010）的行為，好讓自己在那個困境之中保持「神智清醒」。在精神分析的過程之中，「治療性演出」並不是通過語言表現出來的。它是透過行為表達出

來的，通常會持續數天、數週或者數月，反映出患者關鍵的心理衝突。這四個年輕人會寫詩，單獨或者合寫。那位十四歲的青少年，也就是以著名「白人牛仔」之名命名的那個男孩，顯然是他們的領袖。在他的允許之下，這些少年向我朗誦出他們創作的詩歌。

第一首詩

從前有一位有色之人，來自遙遠的東方

看得出來，他是一個撞球高手，來自一百二十街

有個白人想跟他較量一番

而有色之人將會擊敗他，給他帶來奇恥大辱

有色之人開球，連球都要爆裂

從那白人的眼神之中，就看得出他要大輸特輸

噢！有色之人，一號球，二號球，三號球

你所見過最漂亮的打法

他打中四號球，五號球也入袋了

白人的眼中湧出熱淚

拿下六號球和七號球可不容易

八號球和九號球更是連橡皮邊都沒碰到

拿下十號球和十一號球就大勝了

白人說道：「噢，黑鬼，噢，黑鬼，你一次打不

贏我，兩次也打不贏我，

跪下來跟我擲擲骰子。」

有色之人說道：「你那骰子太難了，

給我一副牌吧，我來跟你玩玩牌。」

白人開出至尊、小丑、國王和王后

有色之人在這副牌了出了老千，神不知鬼不覺

噢，有一位流浪漢[*]，遠遠坐在一旁，

偷偷看了一眼，他看到換牌的手法，嘶吼著咽了

氣

白人轉過頭來，眼中滿是淚水

直接倒在流浪漢的身邊

白人如今僵硬地躺著，就像一扇門板

魔鬼也沒法用錢讓他歸來，再賭一場。

——

* 男孩們說那個流浪漢是非裔美國人。

第二首詩

1943年，我看到一場最有趣的打鬥，你見都沒見

過

一個白人和有色之人為了一分錢打起架來

白人打有色之人的方式實在丟人現眼

有色之人跟跟蹌蹌後退著說道：「你死定了。」

那白人嚇壞了，拔腿就跑

他跑得飛快，無與倫比

但是有色之人卻在研究白人屁股上的傷口

他趴在地上扭動著，胡亂爬行，然後停了

有色之人說道：「你最好還是待在地獄。」

魔鬼說道：「我可不想讓他在我的路上亂撞

因為你把他屁股上的皮都給割下來了。」

魔鬼帶著他，把他送到了上帝之路

上帝讓他站在路中央

他便站在路中央，血流如注

他說：「我想知道政府會出多少錢

如果我每天都這麼流血。

有色之人肯定是傑克‧本尼[*]的親戚

因為他肯定是因為那一分錢把我殺掉的。」

——

* 傑克‧本尼（Jack Benny）是著名的美國白人喜
劇演員，常飾演極度吝嗇之人。

第三首詩

從前有個猶太人，來自遙遠的北方

從他說話的樣子，就能看出他有多小氣

他來到有錢人家[*]的門前，想討要一毛錢

他希望上帝能夠帶走他，因為他的孩子快要死了

有錢人說道：「在我數到九之前，如果你還沒有
滾開，

我就砍下你的猶太屁股。」

猶太人向後倒退三步，好像心裡在盤算什麼：

「我可以跟你打一場，但我又拿不到錢。」

白人拔出一把刀，開始揮舞起來

但猶太人拔腿就跑，真是丟人現眼

他跑著，踉蹌著，狼狽不堪地摔倒了

從那天開始，他就跌入了地獄。

——

* 這個有錢人意謂著白人。

第四首詩和第五首詩

不幸的是，我已經沒有第四首詩和第五首詩的全文了。第四首詩也提到了美國的猶太人。這首詩說道，「從前有一個有色之人，來自遙遠的南方。」他以為人口交聞名，原因是「他的嘴型」。他來到一個猶太人的家裡。猶太人抓起他的槍來，有色之人便「倒在地上」死了。

這些少年向我朗誦的最後一首詩，出自納特之手。在這首詩裡面，納特有時會用第一人稱「我」來描述一個男人，那個男人帶著一個性伴侶眾多的非裔女人到巷子裡發生性行為。這個男人在巷子裡看見自己的父親和兄弟，他們也想和這個女人發生性關係。一個意謂著白人和權威的員警出現在現場，命令非裔男人們停止性活動。隨後，這個非裔女人便邀請這個白人員警也加入性活動之中。

這四位少年對這些詩歌沒有什麼自由聯想。他們都來自社會經濟條件低落的家庭，家庭問題也都非常嚴重。他們在作品裡公開表達的一個主題，便是非裔美國人和白種美國人之間你死我活的戰鬥。二十世紀五十年代以及六十年代早期，「種族隔離的成因被解釋為對生而為黑人的懲罰，必然會使得白人的

自我理想充滿敵意。」（Kennedy, 1952, p. 314）我感覺到，在這些詩歌裡面，有些詩很難知曉究竟誰才是贏家。在第一首詩之中，白人輸給了一個非裔美國人；然而，另外一個非裔美國人，也就是流浪漢，卻比白人先死。我也猜想，這些少年面對著突如其來的隔離解除，以及執迷於白人與黑人之間的衝突，是否也用來當作心理防衛機制的一部分，藉以隱藏其根本的人格缺陷。

我對他們提到美籍猶太人這一點，也很感興趣。他們是否將自己少數族群的地位外化給了另外一個在美國白人之中較為少數的族群？也許猶太人代表著生活在北方的非裔美國人，雖然他們與這些來自南方的少年不同，還沒有經歷種族隔離的解除。我猜測，面對著突如其來的隔離解除，加劇了這四個少年作為受害者的自體與他們所內化的壓迫者之間的鬥爭。

開始在夏洛特斯維爾的生活

這四位非裔青少年讓我留下了深刻的印象。大約兩個月之後，他們離開了謝里醫院，被送回到那個已經廢除隔離制度的青少年評估中心。在那之後，我再也沒有他們的消息。正如我在第一章所說的，我在1963年來到了維吉尼亞的夏洛特斯維爾，開始了成為維吉尼亞大學教員的新旅程。正是這一年，我在賽普勒斯的家人開始生活在被敵人圍困的飛地裡。1968年，我成為了美國公民。

開始在維吉尼亞大學附設醫院工作的時候，我不記得有哪

位醫生或者護理長是非裔美國人。我記得，在我們醫院，非裔美國人不會在白種美國員工用餐區吃飯。至少在非正式的狀況下，某種關於膚色或職位的隔離仍在持續著。我記得是在1966年，維吉尼亞大學醫院精神科住院部第一次接收了一位非裔病患。他是一位頗受歡迎的人物，與職業體育競賽有關。後來醫院高層決定，只向某些由保險公司或私人給付費用的非裔美國人開放精神科住院服務，這種情況一直持續到讓非裔美國人住院變成慣例為止。

在那時候的夏洛特斯維爾，一些富裕的白人家庭會為精神科的住院患者舉辦郊遊活動，患者們可以使用他們的游泳池。精神科住院部開始接收非裔患者之後，其中一些富裕的白人拒絕非裔美國人去他們家裡，也不允許這些患者使用他們的游泳池。要讓社會接受變革並不是一件易事。

成為維吉尼亞大學教員幾年之後，我在夏洛特斯維爾和華盛頓特區之間往來成百上千次，為的是接受個人分析，並在華盛頓精神分析研究所（Washington Psychoanalytic Institute）接受精神分析訓練。我之後成為了一名精神分析師。我在這過程也開始意識到自己的倖存內疚：我在美國安全度日，而我的父母、姊姊以及其他賽普勒斯親朋好友卻被迫生活在次等人類的環境之中。我確信，我此時的個人經歷，加上我早些時候在謝里醫院的經歷，讓我越來越注意到周遭「受壓迫」的非裔美國人。

1977年，我成為維吉尼亞大學精神醫學系的代理主任，我便打破了精神醫學系社交活動不邀請非裔美國人——他們之中

大多數都是精神醫學系的服務人員——的現有傳統。1978年，我被任命為藍嶺醫院的醫學總監，當時這家以前主要收治肺結核患者的醫院被併入了維吉尼亞大學。十八年後，維吉尼亞大學建造了一所新醫院，藍嶺醫院便關閉了。身為醫學總監，我選擇了一位非裔女性擔任藍嶺醫院的副院長。她沒有辜負我的期許，成為協助我管理醫院的得力助手。我們倆養成了一個習慣，每個月至少一次在舊城區共進午餐，持續了數年。我意識到，我想在這個擁擠的地方向人們展示，一個白人和一位非裔女士是平等的人類，可以成為彼此的朋友。

探索奴隸制和種族主義在美國的起源，以及過去幾十年裡促使美國更加接受人類多樣性的許多正面改變，比如非裔美國人歐巴馬被選為美國總統，已超出了我寫作本書的目的。然而，在本書的第一章之中我也提到，2017年8月，一些並不是我們城市居民的白種美國人在夏洛特斯維爾公開倡議種族主義和種族中心主義。

前外交官約瑟夫·蒙特維爾（Joseph Montville）是CSMHI的成員，2018年和2019年他在華盛頓特區附近的喬治·梅森大學（George Mason University）衝突分析和解決學院（School for Conflict Analysis and Resolution）的撤退和研究國際中心「觀點」（The Point of View International Retreat and Research Center），組織過三場會議，回顧一百五十年前的美國內戰，並尋找治癒深度創傷的方法。來自基督教不同教派的知名人士，和其他有著歷史、刑事司法以及衝突解決相關背景的人們相聚一堂。我參加了其中的兩場會議。不出所料，

關於奴隸制，以及非裔美國人和白種美國人對奴隸制的不同記憶，成為了會議的討論主題。有些個體的故事非常動人心弦。當我聽到很多年輕非裔美國人在維吉尼亞監獄的生活，以及他們在2019年所遭受的對待，讓我再一次想起了1962年寫詩的那四名少年病患。

　　在接下來的章節，我將開始探討美國目前的社會分歧，以及其他國家出現的類似狀況。

【第八章】如今的我們又是誰

　　1995年，在歐洲，從社會、經濟和政治各個領域，空前合作的時代即將來臨。然而，在西歐，種族主義以及懷有敵意和惡意的共同偏見卻死灰復燃。在中歐和東歐，舊蘇聯土崩瓦解之後的眾小國潰散成種族暴力和種族滅絕戰爭的區域。那一年，我在心理和人類互動研究中心（CSMHI）成立了新種族主義委員會（Committee on Neo-Racism）。四年前，歐洲議會種族主義和仇外心理調查委員會（Committee on Inquiry into Racism and Xenophobia）發表了一份「反對種族主義和仇外心理聯合聲明」。在這份報告的導言之中，讀者可以讀到以下聲明：「種族主義和仇外心理源於個人對未來的恐懼和不安全感，並從失業和貧窮汲取養分。消除這些因素應是歐洲國家和地方當局以及歐洲共同體的主要政策目標。」這一聲明反映了人們以過份簡化的方式來設想種族主義和仇外心理。我成立CSMHI委員會的目的，是要從心理學的視角去深入探索新種族主義，尤其是歐洲的新種族主義。該委員會的成員來自美國、土耳其、以色列、芬蘭、德國和俄羅斯等國，其學養背景除了精神分析學家之外，還有歷史、社會學和外交等領域的學者。值得一提的是，來自美國的精神分析學家之中，有兩位的故鄉分別是迦納和印度。在土耳其共和國外交部副部長和美國外交部戰略研究中心的贊助下，我們的會議在夏洛特斯維爾和

土耳其的安卡拉舉行，持續了兩年的時間。

根據一些歷史學家的說法，歐洲的敵對偏見和迫害始於十世紀，並且在整個中世紀都異常明顯。猶太人、基督教淨化教派（Cathars）、麻風患者、女巫和其他一些人被認為本性即邪惡而危險，都遭受到了各式各樣的迫害。在CSMHI委員會的工作中，我們注意到蘇聯的解體不僅導致了舊「敵人」被迫遷移，因為政治動盪而離開本國的人數也陡增。而這還不包括那些早已從「非基督教」國家來到南部和東部的移民，以及以德國為主要移民國的外來勞工（Thomson, Harris, Volkan, & Edwards, 1995）。

CSMHI委員會委員之一，已故的普林斯頓大學歷史學家諾曼‧伊茲科維茨（Norman Itzkowitz），將二十世紀末期的歐洲局勢稱為種族覺醒時期。而我隨著政治體制的瓦解或劇烈的革命性變化（無論是「好的」還是「壞的」，無論是戰爭還是類似戰爭的情境），開始聚焦在浮現於人群之中的「如今的我們又是誰？」這個充滿隱喻的疑問。在CSMHI委員會的工作中，我們注意到，殖民者離開非洲、1990年東西德的統一、1991年蘇聯及前南斯拉夫的解體，對「如今的我們又是誰」這個隱喻性問題在歐洲的發展，都扮演了重要角色。

本章，我將聚焦於這個隱喻性問題當今在全球的擴散，以及世界所步入的「如今的文明時代下我們又是誰？」（Who Are We Now Civilization）（Volkan, 2018c, 2019）。下面，我將闡述造就這一文明的各種因素及其可觀察到的癥狀，包括許多國家中的社會分裂、建造圍牆，以及許多個體尋找著他們

想像的一位政治領導者，可以致力於保護大團體的認同並重返昔日的榮耀。

前所未有的變化速度和規模

二十一世紀，通訊、信號和影像情報分析以及旅行科技，都取得了難以置信的發展，再加上金融市場的擴張跨越了國界，使得具有不同大團體認同的人們可以更快速進行更高度的互動。例如，對於孩童時代的我來說，中國是一個遙不可及的地方，我只能憑藉自己的想像去構建那裡人們的生活。如今，我總能在旅行所到之處見到中國人。而去年，我坐在維吉尼亞州的家中，透過我電腦上的鍵盤，為數百名中國學生講授了十幾堂關於精神分析的課程。我在北賽普勒斯寫這本書的時候，參加了尼科西亞一所醫學院的畢業典禮，被介紹為班級最優秀畢業生的是兩名來自奈及利亞的學生。我有一位朋友是賽普勒斯土耳其人，剛剛退休的他與妻子一同搬到了島上臨近海灘的新房子裡定居下來。他注意到自己的新鄰居都是俄羅斯人。如今，上百位俄羅斯人在北賽普勒斯擁有房子或公寓。鄰居們經過他家門前時，他試圖向他們打招呼，但那些俄羅斯人並沒有理會他。他為此感到震驚。如果他的鄰居也是賽普勒斯土耳其人，鄰里關係將非常不同。這個簡單的例子說明了，當我們注意到與大團體認同議題有關的習俗差異時，偏見和嫉妒便會出現。

歷史學家和精神分析學家彼得·羅溫伯格（Peter

Loewenberg, 1995），寫到來自不同文化和宗教的人們聚在一起而構建出了「合成式國家」（synthetic nations），譬如美國、以色列和巴西等。在當今世界，無論是懷抱一個種族上沒有雜染的國家認同概念，還是一個僅由來自指定地區的特選子民所組成的「合成式國家」這種想法，都是一種錯覺。

在過去的幾十年裡，現代形式的「全球化」已經成為政治和學術界的時髦辭彙。它所體現的理念和企圖，是要藉由標準化的經濟、技術、生態和社會文化元素，以及將政治民主自由帶到世界每一角落，來促進社會的繁榮和福祉。從心理學的角度來看，這種背負期許的國際主義意味著將在很大程度上消除「大他者性」（Otherness），而這是一項不可能完成的任務。與此同時，年輕一代專注於最新的通訊技術，他們已經開始在不經意間改變了全世界老一輩的文化（Arnett, 2002; Twemlow & Sacco, 2008）。因此，現代全球化雖有其益處，但也伴隨著各種傳統文化的消逝。至關重要的是，人性之中的侵略性和以大團體認同名義屠殺「大他者」的行為仍然存在。二十一世紀的科技所做的最大貢獻，主要是藉由提高摧毀大他者的軍事能力來保護大團體認同。

基因研究

各種類型的宗譜DNA檢驗在全世界流行起來，這有時會使人們對自己的祖先為何感到困惑。小時候，我聽說自己的土耳其祖先從中亞而來。現代研究則認為，我們所有人的祖先都

源自於非洲的某個地方，因此我們共享著絕大部分的遺傳資訊（Cann, Stoneking, & Wilson, 1987; Yu, Fu, & Li, 2002）。有資料顯示，賽普勒斯土耳其人和賽普勒斯希臘人的DNA檢驗結果非常相似（Baysal et al., 1992）。我逐漸意識到，這座島上的一些人並不想聽到這個事實，而且他們對大團體認同感到混亂。

2017年8月，美國社會學學會第一百一十二屆年會在蒙特婁（Montreal）舉行。會中，加州大學洛杉磯分校社會與遺傳學研究所（Institute for Society and Genetics）的亞倫·帕諾夫斯基（Aaron Panofsky）展示了他及同事的研究結果，闡明了白人至上主義者的祖先具有混血的血統。隨後，新聞媒體對白人至上主義者如何堅持否認，並指控研究人員為猶太人同謀的議題，進行了探討。

2018年11月27至28日，第二屆人類基因組編輯國際峰會（International Summit on Human Genome Editing）在香港舉行。曾於美國受訓的中國研究人員賀建奎（He Jiankui）參與了本次會議，他聲稱自己在10月中旬修改了一對異卵雙胞胎女嬰的基因組，舉世譁然。這對女嬰的基因組被永久性地改變，所以這種改變將會遺傳下去，如果她們有下一代的話。這一修改的意圖是要讓這對女嬰的細胞可以抵抗愛滋病毒感染。然而，一些基因未被成功修改。所以，這對女嬰仍然可能感染愛滋病毒。賀建奎不負責任的行為，違反了全世界科學家的倫理共識。我們可以想像，在未來，會有更多的人類基因組編輯在符合倫理條件下進行。我們不禁要問，這樣的發展將造成怎樣

的大團體認同混淆。

機器人

2018年7月，位於麻塞諸塞州波士頓的塔夫茨大學（Tufts University）宣佈成立美國第一個人機互動（human-robot interaction）碩士學位學程。塔夫茨大學希望通過課堂內外的變革性體驗，為學生提供智識和個人成長的機會和資源，同時也滿足社會的需求。在收到十幾歲的孫女發來的一段影片之後，我開始對這一新進展產生濃厚的興趣。影片中，她正在華盛頓特區的一家博物館裡跳舞，而與她共舞的是個機器人。這讓我回想起自己說過的一個火星笑話：當火星人來到地球，將迫使不同種族或民族背景的人類團結起來，對抗一個共同的敵人。我想，用不了多久，我們就會被機器人「入侵」，而這將對大團體認同議題造成衝擊。

先進技術所帶來的巨變是人類心智難以企及的。而且，這些進展並非有益無害，它還導致了網路攻擊，造成了大團體之間的衝突，引發了大團體認同的混亂和對峙。對於人類心智可以在科技上有些什麼發展，人們極其感興趣，並且投入了必要的資金。但是，對於研究人類心智如何適應環境加速變化的議題，人們興趣不大，有時甚至毫無興趣。

難民、移民和國際恐怖主義

二十一世紀初期，在我們目睹蓋達組織和ISIS的恐怖行徑之前，許多學者已經開始關注現代全球化的負向面向，及其與恐怖主義的關聯（例見：Çevik, 2003; Kinnvall, 2004; Stapley, 2006）。我在2017年出版了兩本關於難民和恐怖主義的書籍，其中一本是與芬蘭歷史學家朱尼·蘇斯托拉共同完成的（Suistola & Volkan, 2017; Volkan, 2017b）。但本書中，我不會細論難民、被迫或自願移民者的心理，也不會詳述我在幾個國家中與新移民的工作。我也不會闡述恐怖主義的歷史，或者恐怖主義對宗教的劫持，又或者當今的恐怖活動。

歐洲正面臨著「難民危機」。其他一些地區也存在類似的情況。例如，肯亞是眾所周知的世界最大難民營所在地，位於肯亞和索馬利亞邊境，那裡的難民大多來自飽受內戰摧殘的索馬利亞。柬埔寨境內遍佈著來自極左勢力赤柬（Khmer Rouge）的難民；而事實上，整個國家就是個曾經被屠戮多年的難民營。有超過二百五十萬敘利亞難民流落到土耳其，除了為這個國家造成了巨大的現實問題，還形成政治和文化問題。在之前的工作中，我便注意到難民問題不僅會引發社會對許多創傷、醫療問題、法律、政治、財務等其他現實議題和安全問題的反應，同時也總是會增加難民和收容國人民對大團體認同的投入。

近年來，恐怖襲擊事件在全球各地接連不斷地發生：2013年4月在波士頓，2015年11月在巴黎，2015年12月在聖伯納

迪諾（San Bernardino），2016年3月在布魯塞爾，2016年7月在尼斯，2016年12月在柏林。自那以後，恐怖襲擊及類似事件不再僅與獨自作案的新移民聯繫在一起，還與西方世界的一般難民聯繫在一起。請務必牢記，相較於西方世界，恐怖主義事件在世界其他地方發生的數量要多上許多，諸如：安卡拉、巴格達、班加西、喀布爾、奈及利亞的馬達加利（Madagali）等數十個地方。蓋達組織和ISIS製造的悲劇說明了穆斯林和基督徒之間的大團體認同分裂。類似的分裂也發生在其他宗教群體之間。羅興亞人（Rohingya）是一個無國籍的印度－亞利安（Indo-Aryan）族群，大多數人信奉伊斯蘭教，少部分人信奉印度教，他們被迫從緬甸遷移到孟加拉。於是，我們漸漸認識到極端民族主義佛教徒所呈現出的仇恨及宗教層面的偏狹。我們也看到，透過消除其他宗教的象徵──例如，摧毀教堂、猶太教會堂或清真寺──來「穩定」大團體認同的淨化活動遍及全球。

東道國中有許多人會將難民視為他者，並對這些新移民抱有不同的善意、敵意或者惡意等等看法。從心理學的視角來看，他們主要是害怕自己的大團體認同被大他者的認同汙染。不難想像，能夠讓自己的個體認同不受大團體情緒影響的人，會更願意打開隱喻性的「大團體帳篷」來迎接絡繹不絕的新移民。而那些認為新移民是在「大團體帳篷」上──大團體認同邊界的隱喻──正要戳洞進來進行破壞的人，則會變得焦慮不安，並且以防衛性的眼光將數量龐大的移民視為重大威脅。

為了更為深入理解一個國家內部嚴重的政治／社會分歧，

我們需要認真思考的觀念是：將政黨或一個政治／意識形態組織——諸如三K黨、美國其他的白人至上運動和德國的「反對西方伊斯蘭化的歐洲愛國者」（European Patriots against the Islamization of the Occident, PEDIGA）——發展為本書第三章所描述的第二類形成於成年期的大團體認同，或至少使之與此類似。

基本信任和盲目信任

艾瑞克・艾瑞克森（1985）用「基本信任」（basic trust）這個概念，來描述幼兒如何學會自在地將自己的安全託付給照顧者。透過發展基本信任，孩子將進一步學會如何相信自己。正常情況下，那些可以信任自己和他人的成年人，能夠在沒有焦慮的狀態下看到人性的多樣性之美。

荷蘭人類學家安東尼厄斯・羅本（Antonius Robben, 2000）對經歷過1976年至1983年「骯髒戰爭」（Dirty War）[1]的阿根廷家庭進行研究，並據此提供了一個關於基本信任遭受攻擊的好例子。一年後，克羅埃西亞心理學家斯拉維察・尤爾切維奇和伊萬・烏里克（Slavica Jurcevi and Ivan Urlic, 2001）發表了類似的研究結論，當時他們的研究對象是1991年至1995年克羅埃西亞戰爭中，自家的兒子失蹤的家庭。我曾分別研究獨裁者霍查和希奧塞斯古去世後的阿爾巴尼亞和羅馬尼亞

1　【編註】：骯髒戰爭發生於1976至1983年間，指當時的阿根廷右翼政府針對異議人士和游擊隊所發動的暴力鎮壓行動。

（Volkan, 1997, 2004），並且闡述了這兩個國家的人民是如何失去了基本信任。比如，在那時候，一位阿爾巴尼亞母親會因為孩子在學校說母親抱怨當天早上買到的麵包品質不好，而遭到流放。霍查的監視者被安插在學校裡，聽取孩子們對自己家庭成員的評論。父母無法「信任」自己的孩子。在這樣的社會環境下，為了擺脫恐懼和焦慮，許多阿爾巴尼亞和羅馬尼亞的百姓發展出對獨裁者的「盲目信任」。

霍查和希奧塞斯古為其追隨者創造了一種形成於他們成年期的新大團體認同身分，干擾民主進程和人權問題，並且造成了整個人民內部的嚴重分裂。我瞭解到，儘管沒有發生集體自殺或大規模屠殺，但阿爾巴尼亞和羅馬尼亞的家庭因此分成了「好」和「壞」兩類，人們被逐出家園，持不同意見者備受折磨甚至慘遭殺害。

保守主義和自由主義

為了恢復或維持舊時榮耀、提高成員共同的自尊，政治保守主義會有意無意地在社會、宗教、經濟以及教育等實務上強化大團體認同的標記。在進一步論述之前，有必要澄清的是，保守主義並非一個「壞」詞。它存在於世界各地。然而，當社會中有許多個體感受到自己的大團體認同遭受威脅，無論他們是否意識到這點，同時獨裁的保守派領導者為了保住權位，透過政治宣傳增強成員共同的受害感和不公平感時，保守主義的性質就會發生改變（Prince, 2018; Volkan, 2014a）。這一發展

情況增強了反對大他者的偏執預期和敵意偏見，連那些不擁護獨裁領導者的本國人也會被歸為大他者。

當前，「如今的文明時代下我們又是誰？」已經動搖了世界各地許多人基本信任的能力，取而代之的是對保守且獨裁的變革型政治領導者投以「盲目的信任」，而這些政治領導者試圖將政黨或組織轉變為其擁護者的第二類大團體認同。我們在許多地方都看到右翼政黨數量變多了。歐洲也出現了不少右翼政黨，比如匈牙利的「青年民主主義者聯盟－匈牙利公民聯盟」（Fidezs-Hungarian Civic Alliance, FIDEZS，簡稱青民聯）和尤比克（Jobbik，「爭取更好的匈牙利運動」）、英國的「英國獨立黨」（UK Independence Party, UKIP）、德國的「德國另類選擇黨」（Alternative für Deutschland, AfD）、瑞典的「瑞典民主黨」（Sweden democrats, SD）、芬蘭的「正統芬蘭人黨」（Finns Party, PS）、波蘭的「法律與公正黨」（Law and Justice Party, PiS）、法國的「國民聯盟」（Rassemblement National, RN）、奧地利的「奧地利自由黨」（Freedom Party, FPö）、荷蘭的「自由黨」（Party for Freedom, PVV）和塞爾維亞的「塞爾維亞激進黨」（Serbian Radical Party, SRS）等等。我尚未近距離研究過這些政黨的領導者對其社會所產生的影響。就在我寫這本書的時候，支持英國脫歐的政治家強森（Boris Johnson）被選為執政的保守黨（Conservative party）黨魁，並成為英國首相。他和唐納·川普一樣，承諾讓他的國家恢復舊時榮耀。

一些獨裁領導者假裝以民主的方式行事，不會折磨或殺害

對手，但卻可能會實施「靈魂謀殺」。紐約大學醫學院臨床精神醫學教授倫納德·申戈爾德（Leonard Shengold, 1991）是最初使用「靈魂謀殺」一詞來描述對兒童的虐待或忽視，因為這會致使孩子們喪失身分認同以及體驗生活快樂的能力。此處，我使用這個術語來說明一個獨裁的政治領導者／政權如何讓民眾的生活充滿無助和恐懼，並干擾甚至破壞他們日常活動的樂趣。他們很難堅持和表達自己的主張，甚至完全喪失了這個能力。在當今的土耳其，許多擁有自由心智的人其實是處於「靈魂謀殺」狀態中（Suistola & Volkan, 2017）。

既然我提到了保守主義，那麼，我也稍微談談自由主義。廣義而言，自由主義者支持個人自治、公民權利、種族和性別平等、世俗主義和言論自由等等。共同參與的政治自由主義，如果形成了一股對抗「正常」大團體認同感和「良性」的偏見——如前所述，是我們從小發展起來的、不會羞辱到任何人——的力量，同樣也可能會引發社會困境。

建造圍牆

我們從國際對話倡議組織（IDI）成員丹尼茲·阿里博根（Deniz Arıboğan, 2018）得知，世界各地的實體圍牆和圍欄數量大幅增多。比如，匈牙利建造了針對移民的路障，奧地利則決定沿著斯洛維尼亞（Slovenian）邊境建造圍欄。在巴基斯坦與孟加拉之間，阿拉伯聯合酋長國與阿曼之間，波札那（Botswana）與辛巴威之間，馬來西亞林夢（Limbang）地區

與汶萊之間，都出現了新的圍牆。阿里博根指出，不同於過去的邊境防禦工事，如今這些樹立在全世界的新圍牆、新圍欄是為了重新定義身分認同和社會－政治目標。

　　在總統競選期間，川普稱自己為「脫歐先生」。我們可以將脫歐理解為僅允許特選之人在英國定居。川普將自己看作美國認同的淨化者，要清除不請自來的他者。他朗誦過一首名為〈蛇〉（Snake）的詩，這首詩由身為非裔美籍激進社運人士的靈魂歌手小奧斯卡・布朗（Oscar Brown Jr.）於1963年創作，後由歌手艾爾・威爾遜（Al Wilson）改編為歌曲，並在1968年發行。〈蛇〉講述了這樣一個故事：一位善良的婦人遇到了一條凍僵的蛇，她用絲綢包裹住蛇，匆匆趕回了家。她悉心照料那蛇，挽救了蛇的生命。然而，當她緊緊抱住蛇並親吻牠的時候，蛇卻狠狠地咬了她一口。川普這一行徑激怒了奧斯卡・布朗的女兒，因為他將這首詩作為自己政治宣傳的工具，並嚴重侮辱了奧斯卡・布朗對人性的尊重。

　　川普執著於在美墨邊境建造圍牆，承諾會阻止特定國家的人進入美國，並且宣稱「美國優先」，這些都是他當選第四十五屆美國總統的重要因素（Volkan, 2018b, 2019）。

政治領導者的人格

　　政治領導者的人格特質可以帶動社會與政治進程，並且／或者與之交織在一起，也可以激化或降服人民對「如今的我們又是誰？」這個隱喻性問題的回應。「人格」

（personality）這個術語所描述的是一種可觀察及可預測的重複性，人們在尋常環境會有意無意地用它來「維持個體與其所處環境之間穩定的互惠關係。因此，人格與調節自我和改變環境的自我功能相關聯，個體經常用它來維持內在（內心）和人際間的和諧」（Volkan, Akhtar, Dorn, Kafka, Kernberg, Olsson, Rogers, & Shanfield, 1998, p, 152）。另外兩個概念，**氣質**（temperament）和**性格**（character），通常包含在人格之中。氣質是指由先天遺傳體質所決定的情感運動（affectomotor）[2]傾向。性格則由個體在發展過程中調和內心衝突的慣用模式所構成。當氣質與性格相結合，成熟的人格便由此產生。

　　人格的觀念是不同於身分認同的——後者不會由他人觀察到，而只是會由特定的個體感知到。身分認同是指在個體的內在感受到的相同性，一種貫穿了個體過去、現在和未來的延續性，以及穩定的身體和性別意象（Akhtar, 1992）。「人格」這一詞同樣要與「自體表徵」（self representation）區別開來。自體表徵是一個常見的精神分析術語，指的是精神分析師對其患者的後設心理學描述，其中包含了患者的自體組成（或人格組成〔personally organization〕）的發展情況，以及（從理論層面而言）自體組成又如何與自體和客體意象、本我的需求、自我的功能和超我的影響，形成了關聯。

　　在臨床工作中，我們會觀察到各種類型的人格，並將其命

2　【編註】：情感運動指與情感相關聯的肌肉表現。

名為強迫型（obsessive）、自戀型、憂鬱型等。比如，若一個患者總是習慣性表現出獨斷、固執、矛盾和「乾淨」，姿態僵硬且刻板，無法自由表達情緒，那麼我們會說這個患者具有強迫型人格。

政治領導者的人格，從一般意義且未必一定是從精神分析的意義來說，一直是備受矚目的，尤其是在選舉期間、發生危機或醜聞期間。每個成年人在一生的歷程中，都會持續表現出可被他人觀察到的慣性行為、思維模式、情感表達、講話方式和身體姿態。由於政治領導者大部分時間都暴露在大眾視野當中，在無可選擇的情況下只能讓他們的生活和個人習慣模式透過媒體被眾人知曉，因此想要對其人格進行分析的嘗試便不時發生。

1993年，我加入了一個精神醫學專家團隊，我們成立了一個小組，為的是研究政治領導者的人格特徵和他們在決策過程之中的心理動力。五年的時間裡，我們每年會面兩次，最終發表了我們的研究結果（Volkan, Akhtar, Dorn, Kafka, Kernberg, Olsson, Rogers, & Shanfield, 1998）。我們發現，一位具有強迫型人格組成的領導者通常會試圖透過搜索一些規則、原則或外部要求來提供「正確答案」，藉此解決問題。這類領導者可能會過分重視官僚制度，推動過多基於規章制度的決策，削弱必要的創造性、自主性和政治多樣性，危機時刻尤其如此。當然，或許有些領導者具有「正常的」強迫型人格特質，或者表現出明確的強迫型人格問題。我們以前美國總統伍德羅‧威

爾遜（Woodrow Wilson）[3]為例，來描述具有良好適應功能的強迫型風格。威爾遜具有學術研究、組織和交流想法的能力。他要求自己在寫作方面做到盡善盡美。他的演講才能傑出，在美國總統中出類拔萃。然而，我們注意到，他的強迫型人格也造成了一些問題。除此之外，以色列前總理比金（Menachem Begin）[4]是我們提及的另一位具有強迫型人格的政治領導者。

我們也研究了具有偏執型（paranoid）人格的政治領導者，所得結論為：

> 適度的偏執思維和自以為是及社會導向的動機相結合，可以促成在政治上具有適應能力的技巧。這類領導者具有激發追隨者認同領導者及其目標的能力，並激發出實現這些目標的方法。因此，偏執特質的存在並非總是意味著異常。（Volkan, Akhtar, Dorn, Kafka, Kernberg, Olsson, Rogers, & Shanfield, 1998, p. 155）

著名政治理論家羅伯特‧塔克（Robert Tucker）在他關於前蘇聯領導人約瑟夫‧史達林（Joseph Stalin）的精彩傳記中

3　【編註】：威爾遜於1913 至1921年間擔任美國總統，在任期間使婦女擁有投票權、廢除禁酒令，並在一戰後協助成立今日聯合國的前身「國際聯盟」。佛洛伊德與曾任美國駐法國大使威廉‧布列特（William C. Bullitt）合寫過《伍德羅‧威爾遜的心理研究》（*Woodrow Wilson: A Psychological Study*），1966年出版。

4　【編註】：比金為以色列第六任總理，1978年與埃及總統沙達特簽訂兩國和解的「大衛營協議」，兩人因此共同獲得當年的諾貝爾和平獎，隔年兩人正式簽署了《埃以和約》。

寫到，據說史達林曾對一位同事說：「最令人愉悅的事莫過於標示出敵人，準備好一切，徹底地報復，然後上床去睡覺。」（1973, p. 211）後來，我（Volkan, 1991b, 2013）有幸採訪了史達林的兩名私人翻譯，瓦倫丁・別列日科夫（Valentin Berezhkov）和卓婭・札魯比娜（Zoya Zarubina）。他們向我透露了一些有關史達林私生活的故事，包括當他不喜歡某些人的評論時，會用香菸燙傷他們。毫無疑問，史達林是一個具有破壞性的、偏執的、帶有惡意的變革型領導者。

　　我們也想瞭解具有類分裂型（schizoid）人格的領導者。透過對奧托・馮・俾斯麥（Otto von Bismarck）可觀察到之行為模式的研究，我們認為他可能具有類分裂型人格。俾斯麥是1860年代至1890年在歐洲占據主導地位的普魯士政治家。對於這類領袖而言，與靈性和神祕相關的內容往往具有巨大的吸引力。他們時而能言善辯，時而笨口拙舌。

> 在他們超然的外表下，隱藏著一個細膩敏感、情感匱乏的自我。擁有這樣自我的人常會表現出喜歡單打獨鬥，不喜歡融入集體，但這樣的自我也會推動個體成為領導者——彷彿透過領導地位，他們可以滿足自己的依賴需求。（Volkan, Akhtar, Dorn, Kafka, Kernberg, Olsson, Rogers, & Shanfield, 1998, p, 156）

美國人對唐納‧川普人格的癡迷固著

在美國，包括精神醫學專家在內的許多學者和新聞媒體人士都曾公開表示，川普具有自戀型人格。在他們的描述當中，川普總是忙於展現自己「第一」和「最偉大」的形象，同時不由自主地冒犯和羞辱他的競爭者。他希望美國如他那般「偉大」，並且受到「邊界」的保護。類似的描述，我們也可以在邁克爾‧德安東尼奧（Michael D 'Antonio, 2016）所著的川普傳記中讀到，德安東尼奧在書中描述了川普對偉大成就漫無止境的渴求，同時缺乏對競爭者或身邊人的同理能力。

在本書的第一章序言中，我描述了川普在夏洛特斯維爾手持納粹旗幟的抗議者和反抗議者中發現「非常優秀的人」以及「仇恨、偏見和暴力」。他一直在美國人民面前炒熱「如今的我們又是誰？」這個問題，並且在維持美國社會／政治兩極化方面扮演著關鍵角色。

眾所周知，美國槍枝暴力犯罪氾濫（Volkan, 2016）。就在我寫這本書的時候，2019年的第二百五十起大規模槍擊事件於8月3日在德克薩斯州的埃爾帕索（El Paso）發生。那是一起仇恨犯罪。在一個人成為槍手的過程之中，存在於他或她內在世界的心理因素發揮著作用。國家的總統會在此刻成為移情對象。案件發生後，許多民眾猜想埃爾帕索案件的槍擊手是否受到了唐納‧川普關於拉美入侵這一言論的影響。

有些人邀請我撰寫川普的心理傳記，但我拒絕了。我曾和歷史學家諾曼‧伊茲科維茨共同完成土耳其共和國締造者

凱末爾・阿塔圖爾克的心理傳記，這花費了我們七年的時間
（Volkan & Itzkowitz, 1984）。在那之後，他和我，還有在行
銷顧問公司擔任資深主管的安德魯・多德（Andrew Dod），
又用三年時間完成了美國前總統尼克森的傳記（Volkan,
Itzkowitz, & Dod, 1997）。在撰寫傳記的過程之中，我們採訪
了許多傳主還在世時就認識他們的人。我們還檢視傳主各方面
的資訊，包括童年經歷、早期創傷、成長過程中的誘發因素，
及其人格組成在青春期的固化過程（crystallization）等。我們
從精神分析的視角出發，審視傳主整個生命歷程的發展。在我
看來，為一個從未躺在我沙發上接受我分析的人寫傳記，是一
項嚴肅而艱巨的挑戰。而我還沒準備好去審視川普的人生。

　　在美國，公眾對川普的人格有非常濃厚的興趣，人們也對
其他地方一些領導者的誇大自戀感到無比好奇，因此在下一
章，我將介紹我和我的同事在自戀型人格方面的臨床發現，並
說明這類人普遍存在的各種行為模式類型。

【第九章】那些誇張自戀的人們

　　自戀指的是對自體的愛，而且與尋求自保有關。在人類的心理功能之中，這與性、攻擊以及焦慮一樣正常（Rangell, 1980; Volkan & Ast, 1994; Weigert, 1967）。同時，自戀也像性、攻擊以及焦慮一樣，容易發生變化。然而，自戀可以是「健康的」，也可以是「不健康的」，這取決於個體自己的感知，也取決於臨床工作者探究個體內心世界時所做出的判斷。許多因素都會干擾健康自戀的發展，有些人會發展出誇大性自戀，而另外一些人則會在某種程度上堅守著已經削弱的自戀。

　　在二十世紀六十年代和七十年代，美國精神分析界集中精力研究誇張自戀（exaggerated narcissism）的患者。海因茨・寇哈特（Heinz Kohut, 1966, 1971, 1977）[1]提出了一個獨立的發展路線，也就是從經由自體情欲（autoerotism）的自戀形式，發展成為具有適應能力和文化價值的更高形式的自戀。母性的缺失會導致孩童的發展因而固著，無法形成高層次的自戀，孩童於是會發展出誇大而暴露性（exhibitionistic）的自體意象，也就是寇哈特所謂的**誇大自體**（grandiose self）。如果母性的缺陷並不顯著，誇大的自體便有機會轉化成為具有成熟

1　【編註】：寇哈特（1913-1981）是奧裔美籍精神分析師，曾任美國精神分析學會會長。他在當時奉自我心理學（ego psychology）為圭臬的時代氛圍中，開創了自體心理學（self psychology），其關於心理動力的理論改變了現代精神分析實務及處遇方式。

野心和自尊的自體。

　　當寇哈特發展自己關於自戀的後設心理學理解時，奧托‧肯伯格（1975, 1976, 1980）追隨伊迪絲‧雅各布森（Edith Jacobson, 1964）[2]，描述出具有自戀型人格的個體，他們的自體意象與客體意象是分裂開來的，這成為他們主要的心理防衛機制。肯伯格同樣也使用「誇大自體」這個詞語來描述這些患者所公開表現出的自體中相當突顯的全能部分。

　　肯伯格認為，誇大性自體是由真實自體、理想化自體和理想化客體這三種元素融合而成的。**真實自體**指的是孩童的獨特性，經由孩童與母親以及環境之中具有母性功能的重要他人互動的早期經歷，而得以強化。**理想化自體**是被賦予權力、美麗或財富的自體意象，以補償孩童在環境之中來自規範方面的挫折；而理想化的自體意象則有助於孩童管理狂怒和嫉妒等等令人感到不安和困難的早期情緒。**理想化客體**是幻想的意象，是可以無限供應的母親形象。

　　與此同時，兒童自體表徵的「飢餓」部分（渴望心理養分），與真實自體不可接受的面向以及被貶低的客體意象融合在一起，透過分裂而與誇大性自體分離了開來。在具有典型自戀型人格的個體身上，誇大自戀的部分是公開的，而其「飢餓」的部分則以隱蔽的方式存在。在整個發展的過程之中，個

2　【編註】：雅各布森（1879-1978）是德國精神分析師，曾因違反納粹祕密警察的命令而入獄，這段獄中經驗促使她針對疏離與憂鬱症進行精神分析研究。她主張超我是經由戀母情結的挫折而發生，從具體對象和自體表徵逐漸轉移到概念性、情緒性的瞭解，漸漸成熟為一貫而有組織的觀念群。她關於嬰幼兒自我發展的理論，後來經由馬勒形成發展心理學的基本理論。

體在潛意識裡會試圖否認或外化發展中的人格那些飢餓的部分，因為自體的這些面向標誌著脆弱、依賴、憤怒、嫉妒和／或失望的自體體驗。

　　描述和比較寇哈特與肯伯格的理論立場，已超出了本書討論的範圍。寇哈特的追隨者和肯伯格理論應用者之間的激烈辯論，引起了整個精神醫學界的關注。1979年，美國精神醫學會（APA）的《診斷與統計手冊》（*Diagnostic and Statistical Manual*）正式承認了自戀型人格障礙，將其描述為一種覺得自己重要或獨特的感受；沉浸於無止盡成功的幻想之中；好求表現，需要持續的關注和仰慕；而自尊受到威脅的時候會出現典型的反應；有典型的人際關係困擾，例如覺得自己有應得的權利、與人相處容易暴怒、對關係會交替出現過度理想化與貶低、缺乏同理心等等。美國精神醫學會的這部手冊也對誇大性自戀的一些特點做出了描述。

　　鑒於誇大性自戀存在各種各樣的問題，當我們評估什麼叫做病態、什麼不是病態時，應當允許存在一定的彈性。德國精神分析師嘉布里爾·阿斯特（Gabriele Ast）和我（Volkan & Ast, 1994）曾經指出，自戀型人格存在於一個連續的光譜之上，從「成功」到「惡性」不一而足。成功的自戀型人格可以在生活之中取得一席之地，當他們成為受人崇拜的流行偶像、組織領導人或具有影響力的政治人物時，他們內心誇大的自體愛、成為「第一名」和超過他人的感覺，便會實際受到成千上萬或數百萬人所證實。這樣的個體擁有才智，有著想要成為「救世主」的潛意識幻想，並有能力達到某種昇華，他們成功

地在自己對崇拜、權利和偉大所抱有的心理願望與需要，以及從外部世界所獲得的回應之間，實現並且維持某種「契合」。身處這個連續光譜另一端的個體，則不得不從他人身上——代表著他們「飢餓」的自體表徵，以及具有威脅性的受貶低客體意象——奪取侵略性的勝利，藉以感覺到獨特、強大、有資格以及防衛性的全能感。他們的自戀被偏執性的期望所汙染。這些是具有破壞性的自戀型人格。無論個體具有「成功的」還是「惡性的」自戀型人格組成，都不會想要尋求精神分析的治療。當外部事件威脅到他們的自戀，他們可能會感到困惑和憂鬱。而後，他們才有可能會考慮去見一下精神分析師。

我在前面的章節曾經提到，從1993年開始，我與一個精神醫學的專家團隊一起工作，研究過不少人格類型各異的政治領袖，其中就包括自戀型人格的領袖。在更早些時候，1975至1981年期間，我每週都與一群年輕同事會面討論案例，包括誇大性自戀的案例。不過，我們那些誇大性自戀的患者都不是政治人物。我們稱自己為夏洛特斯維爾精神分析研究小組。多年來，我們對那些後來發展為誇大性自戀患者的家庭背景進行了詳細論述。

母親的冷漠與全能幻想

作為嬰兒和兒童，如果冷漠的母親致使他們在情感層面變得飢渴，他們日後便可能會發展出自戀型人格；但是，相對於那些遭受過類似剝奪，之後發展出邊緣型人格甚至精神病性人

格的嬰兒或兒童，前者經歷所造成的創傷又要小一些。我們
同意阿諾德·莫德爾（Arnold Modell, 1975）[3]的觀點，即：
如果精神創傷發生的時候，孩童正在建立自身的身分認同，
便可能會導致他們形成一種早熟而脆弱的自主感，由全能幻想
所支撐。個人的身分認同問題與自戀分配的問題總是密不可分
的。當身分認同缺乏凝聚性的時候，我們期望能找到那些與自
戀分配相關的問題：自體愛和他者愛（客體愛）到底是如何分
配的。正如莫德爾所描述的，這樣的孩子可能還不得不保護自
己，以免受到母親過度的侵擾。

　　儘管這些患者的母親可能冷漠而吝嗇，但母親仍然會認為
自己的孩子是一個「特別」的人，也許是比其他的兄弟姊妹更
漂亮一些，也許覺得這個孩子是家族榮譽的救星，或者是實
現母親自戀目標的工具。當孩子出生時，母親自身的或家庭
的環境便發揮了作用，促使母親（及／或其他養育者）覺得新
生兒是「特別」的。例如，處於複雜哀悼之中的母親，會將年
幼的孩子視為與其亡故兄弟姊妹的一種聯繫；這個孩子會被母
親認為是不朽和全能的。雖然其複雜的哀悼過程使得她成為一
個冷漠的母親，但她與孩子的關係卻是非常密切的，而身處這
種關係中的孩子則承受了巨大的壓力，需要對母親自身的心理
需求給予關注和回應。我再舉一個例子：一位篤信天主教而有

3　【譯註】：阿諾德·莫德爾（1924年生），哈佛醫學院社會精神醫學教授，波士頓精神
　　分析協會和研究所的督導和訓練精神分析師，著有《祕密的自體》（1996）、《不同的
　　時代，不同的現實：朝向精神分析治療的一種理論》（1996）和《想像與深刻的大腦》
　　（2006）。

憂鬱症傾向的母親，一直在為自己尋找理想的父親。她認為自己的兒子很特別，並且幻想他長大之後成為教宗（理想化的父親）。她認為自己的孩子是獨一無二的，這種看法會透過母親和孩子的互動，沉積在兒童身分認同的發展過程之中，而且用奧托·肯伯格（1975, 1976）的話來說，這種互動為這個孩子提供了一個特殊的「真實自體」。在誇大性自體之中，理想化自體的意象與理想化客體的意象被納入這核心裡，而反映出個體與冷漠母親互動的被貶低的自體意象與其他被貶低的客體意象，則被分裂了出去。因此，個體成年以後的行為反映出了誇大自體，而在這誇大自體底下可以發現那個被分離出去的「飢渴」嬰兒。

這樣的孩子一方面保持著某種相當全能的自體表徵，另一方面又保持著某種「飢渴」的自體表徵；當伊底帕斯期到來的時候，這孩子便會以分裂作為心理防衛機制，修改其伊底帕斯期的自體意象，以及伊底帕斯期的父母意象。這樣的孩子便難以發展出具有凝聚性的超我。如果父親的確是「危險」的人，或只是孩子感覺是個「危險」的人，孩子對羞辱的恐懼可能會與閹割幻想交纏在一起。然而，前伊底帕斯期的議題才是導致孩子在成年之後發展出自戀型人格的主要原因。

多位母親

在家庭環境之中還存在另外一個因素，也可能為自戀型（或邊緣型）人格組成的發展奠定基礎。我在此想說的是，這

些孩子在成長的過程之中可能有過「多位母親」的體驗。當
我開始在夏洛特斯維爾開展精神分析業務的時候，便注意到美
國一些富裕的白人家庭仍然保留著舊南方的傳統，孩子是由白
人母親和非裔保姆一同撫養長大的。在一些家庭之中，白人母
親由於自身的心理／文化動機，將非裔保姆視為次等人。保姆
只能在地下室、廚房或戶外照顧和愛護白人孩子。這些孩子名
副其實是擁有兩個彼此分隔的「母親」，並且避開許多必須面
對一個母親身上兼具好與壞的面向時的掙扎，也不太需要艱難
地將母親身上對立的意象整合起來。對他們而言，將某個客體
之表徵的對立面統一起來，是一件困難的事情，因為他們很早
就經歷過，當其中一個母親形象帶給他們挫折的時候，他們可
以從另一個母親形象那裡尋求滿足，並且在這過程中對兩個母
親皆隱瞞與另一個母親的經驗。相應的自體表徵也很難得到修
復，他們便有可能發展成為自戀型或邊緣型人格組成。此外，
為了適應以白人為主的成長環境，在某些情況下，這些白人孩
子不得不否認自己與非裔「母親」之間極為美好的經歷。他們
過度加強了自身對白人母親的自戀投入。反過來，他們也會覺
得自己是特殊的孩子。關於同時擁有白人和非裔「母親」，
我已經發表過兩個這樣的案例了（Volkan, 2010; Volkan &
Fowler, 2009）。

在一些文化之中，譬如在土耳其或中東的阿拉伯國家常
見到大家族或散居但關係緊密的大家族（modified extended
families），這種文化通常幫助兒童將大家族或散居大家族之中
的多位母親或養育者，置入情感的連續體之中，從而避免讓兒

童發展出自戀型或邊緣型人格組成。如果「多位母親」之間彼此爭鬥，並且在心理層面彼此疏遠，那麼即便她們來自相同的社會或種族背景，這種情況也會給兒童自我的整合功能帶來沉重的負擔。

再想想替代兒童

我們注意到，還有另外一種現象可能會干擾對立的自體與客體意象之修復。如果母親的內心對死去的孩子或親人保有一個相當完整和理想化的心理表徵，她有可能會將這個心理表徵置入活著的孩子身上，從而使這個孩子心理表徵的某個部分成為一個未整合的特殊容器。我想補充一點，並不是所有的替代兒童都會發展出精神病理。如果這些孩子能夠將沉積或寄託在他們心靈內部的東西整合起來，他們就會有一種強烈的**世代傳承感**，以及強烈的家庭和文化歸屬感。這樣的感受可能繼而以一種健康的方式，增強個體的自信。有些替代兒童吸收同化了寄託者高度理想化的寄託意象，他們實際上便可能在生活中成為具有健康使命感的成年人。

成為「第一名」的需求

由於自戀型人格的個體在心理層面有著成為「第一名」的需求，他們之中某些人想要成為政治領袖也就不足為奇了。如果對美國前總統尼克森成年之後的生活進行檢視，便會發現他

的人格之中占優勢地位的面向是自戀，儘管他是利用強迫性的專注來支持他的自戀（Volkan, Itzkowitz, & Dod, 1997）。尼克森是個收藏「第一名」頭銜的人。據他的妻子所說，自從他們在大學認識以來，尼克森一直是「比如二十－三十俱樂部之類雜七雜八團體的主席」（Mazo & Hess, 1967, p. 30）。從高中時期競選班長算起，他總共參加過十三次競選，只輸過三次。三十三歲時，他當選為美國國會議員；三十七歲時成為美國參議員；三十九歲便成為美國第二年輕的副總統。作為總統，他也繼續獲得各種「第一名」。其中有些第一名是意義重大的，比如承認美國與中國關係正常化。有些第一名是微不足道的。例如，在為他的圖書館致上開幕謝辭時，他堅持這個典禮是**第一次**有四位第一夫人共同出席的典禮。據他的助手約翰・埃利希曼（John Ehrlichman）所說，「每一次競選活動裡都流傳著一個笑話；發生的每一件事情都是『歷史性的第一次』。」（Volkan, Itzkowitz, & Dod, 1997, p. 94）

　　自戀型領袖的誇大掩蓋了他們內心隱藏的脆弱自尊。對於這樣的領袖而言，任何威脅其誇大或「第一名」收集的事情，都會引發羞恥感，這便可能導致其做出不尋常的決定，以抵消這種羞恥感（Akhtar, 1992; Kernberg, 1975, 1976; Volkan & Ast, 1994）。

玻璃泡泡裡的誇大自體

　　阿諾德・莫德爾（1975）曾提到，具有自戀型人格的

個體有一種繭的幻想。在這樣的幻想之中，患者獨自生活在「繭」裡面。我在自己的臨床實務之中注意到，典型的自戀型人格患者有一種生活在**玻璃泡泡**之中的幻想（Volkan, 1979b, 2010）。我認為，玻璃泡泡的類比更為有用一些，因為它具有透明的外殼，允許寓居其中的人在不被侵犯的情況下評估外部世界，從而增強了患者的全能感和自給自足感。儘管自戀型人格的患者專注於自身的利益，但他們的確與他人有著**密切**的關係；從某種意義上來講，他們是透過玻璃觀察著別人，看看別人是崇拜他們還是貶低他們。這類患者會根據他們有意識或潛意識的評估對他人做出反應，而且想知道外面是否有危險的客體可能會擾亂他們孤獨的王國。最為危險的客體，是縱然受到蔑視但卻透過內化而可能汙染了誇大性自體的客體。而玻璃泡泡的作用就是為了維持有效的分裂。

　　將自己——其實就是誇大性的自體——置於「玻璃之下」，也指出了我們在典型案例之中所看見的人際關係類型。像玻璃這樣冰冷而非滲透性的材料，代表著他們在與人互動的時候缺乏溫暖。反過來，這也反映出他們的母親很有可能是冷漠的。其他不論是意識或是潛意識的含義，通常也都濃縮在玻璃泡泡的幻想之中。其中一個典型的含義，牽涉到患者在潛意識層面希望自己是母親的獨生子女，這樣便可以接受到她所有的愛。如果要說到最深層次的含義，玻璃泡泡也象徵著患者對母親子宮的幻想，患者理想化的自體表徵便居住在其中，同時禁止任何其他手足進入母親的子宮。

　　我有一位患者，她真的便稱呼自己是玻璃罩下的美麗花朵

（Volkan, 2010）。但是，「玻璃泡泡」經常以象徵性的方式出現，例如，有一個人反覆幻想自己是沒有星期五的魯賓遜。患者不需要星期五，因為他相信自己是全能的；而胡安‧費爾南德斯群島（Island of Juan Fernandez）周圍的大海，就彷彿是一個「玻璃泡泡」。

接下來，我想以一位四十歲出頭的男性受分析者為例，談一談他使玻璃泡泡幻想成真的情況。在他接受分析的過程之中，我們的治療開始影響到他的誇大性自體，他便變得焦慮起來。這時，他偶然看到一篇文章，提到了佛羅里達州迪士尼樂園的「單人潛艇」，顧客可以租用它潛入水中，透過玻璃觀看水下的世界。這位患者不得不飛到佛羅里達，租下一艘單人潛艇，乘坐著它潛入水中，透過玻璃觀看海裡的魚群和其他的東西，藉以鞏固他那自給自足以及不需要任何人的幻想。後來，他還重複過這趟旅程。

具有自戀型人格的個體，有時候會在精神分析師的躺椅上實現自己的玻璃泡泡幻想，這樣一來，精神分析師可能會感覺到自己在治療過程之中所說的話如同擊中了盾牌一般，根本沒有進入患者的心靈。分析師需要忍受這種感覺，直到患者放下自己的盾牌。

接下來，我想談一談在歷史舞臺上創造出來的「玻璃泡泡」。

在希特勒周圍製造「玻璃泡泡」

　　人們一直想要瞭解主導猶太大屠殺的人內心的世界，對於希特勒的人格形成，學者們也回顧了各種可能的心理影響因素（Volkan, Ast, & Greer, 2002）。希特勒和第三帝國的事蹟大多已為人所知，在此我便不再贅述希特勒的心理傳記。我想直接談談他在自己作品之中，如《我的奮鬥》（Mein Kampf, 1927），所反映出來的人格模式。我們的確都知道，他的意識形態、宣傳和活動，都旨在創建兩個集體：第一個是納粹，他們應當是堅韌、宏偉、優越和強大的人；第二種是猶太人、羅姆人（Roma people）以及其他被認為是次等甚至非人類的人。希特勒認為只有後者必須被完全摧毀的想法，使得我們得出了這樣的結論：希特勒的人格非常吻合我們對惡性自戀內部組織的理解。

　　希特勒有一個天賦異稟的盟友，他就是約瑟夫·戈培爾（Joseph Goebbels）。1928年他被任命為納粹宣傳部門的負責人，正是他在擔任第三帝國國民教育與宣傳部（Propaganda und Volksaufklärung）部長期間創造了「元首神話」。1940年，奧地利歷史學家維克多·雷曼（Victor Reimann）被納粹逮捕，並在納粹監獄之中被關押了五年的時間，據他的觀察，「希特勒和戈培爾可能是世界歷史上獨一無二的組合」（1976, p. 2）。戈培爾禁止人們拿元首開玩笑，並試圖掩蓋希特勒的個人弱點：他們將希特勒在還是個潦倒藝術家時所畫的素描和水彩畫收集起來，這樣便沒有人可以批評作為藝術家

的希特勒了。戈培爾甚至禁止人們在沒有得到宣傳部許可的情況下引用希特勒的《我的奮鬥》。他強制人們使用「元首」這個稱謂，並推行「希特勒萬歲」（Heil Hitler）的問候語。

戈培爾是「玻璃泡泡」的締造者，而希特勒在這個「玻璃泡泡」裡可以保持並隱藏他的誇大性自體，使其不受汙染，同時也與納粹的暴行分離開來，所以任何曝光的暴行都可以歸咎於他人。「『如果元首知道該多好』這句話，在第三帝國成為了一句諺語。」（Reimann, 1976, p. 6）「玻璃泡泡」之中的希特勒便以仁慈之神的形象，呈現給了1919年簽訂凡爾賽條約之後，在物質和情感層面都受到羞辱的德國人。

精神分析師沃特・藍格（Water Langer, 1972）談到德國媒體在納粹時期的新聞公告，「大意是這樣的：『〔希特勒〕講話的時候，人們聽到上帝的斗篷在房間裡沙沙作響』；一個德國的教會團體甚至通過了一項決議，稱『希特勒的話便是上帝的律法，凡體現出那些話語的律例法典，都具有神聖的權威』。」（Langer, 1972, p. 64）納粹黨所採行的信條明顯模仿基督教的信仰宣誓：「在這個世界上，我們都相信阿道夫・希特勒，我們的元首，並且我們承認，國家社會主義（National Socialism）是唯一能夠拯救我們國家的信仰。」（Langer, 1972, p. 64）1937年9月的紐倫堡大會上，一幅希特勒的巨幅照片下面有題字寫著：「太初有道……」這是《約翰福音》開篇第一句話。還有一次，在柏林的菩提樹下大街上，每一家大型藝術商店的櫥窗都出現了一幅希特勒被光環圍繞的照片（Langer, 1972, p. 64）。

有時候，包括民主國家領袖在內的其他政治領袖也需要一些「親信」或特殊人物，這些人被交付不可言說的任務，成為領袖身邊的「玻璃泡泡」。這些「親信」或特殊人物認為，領袖的誇大性自體是安全且不可穿透的。尼克森就任總統期間眾所周知的所謂「尼克森方法」（Nixon Method），就反映出了一種「玻璃泡泡」症候群。尼克森身邊的一些追隨者，比如羅伯特・霍爾德曼（H. Robert Haldeman）和約翰・埃利希曼，為了回應尼克森對光榮孤立（splendid isolation）[4]的需要，發展出了超出其實際政治職責的職能。難怪他們被戲稱為，圍繞著這位領袖孤獨內在王國的「柏林圍牆」。

我們可以提出這樣一個疑問：唐納・川普之所以解雇自己身邊的一些人，是否與他試圖保持自己的「玻璃泡泡」正常運轉有關。我們還可以問，他對築牆的執迷是否也與「玻璃泡泡」幻想有關。

言辭上的特性和現實的模糊

夏洛特斯維爾精神分析研究小組的成員發現，那些前來求助的自戀型人格患者通常將其他人劃分為仰慕者和非仰慕者。他們執意使用「極好的」、「不可思議的」、「難以置信的」或「卓越的」等詞語來形容前者；用「偽劣的」、「被高估的」、「愚蠢的」或「無知的」等詞語來形容後者。我們的患

4　【編註】：光榮孤立是十九世紀英國避免永久結盟的外交慣例所使用的術語。

者想要透過收集真實或虛幻的榮耀，來消除平凡的感覺。對他們而言，為了保護自己的誇大，撒謊便成為一種「正常」的行為模式。

我想，許多美國人正是注意到了唐納・川普的推特發文以及演講（尤其並非事先由演講撰稿人寫好而他只是朗讀的那些演講）就具有上述語言特點，才會認為他是一個誇大的自戀狂。有一則新聞報導說，川普平均每天要撒二十三個謊。

情緒

具有自戀型人格的個體，容易產生嫉妒、貪婪以及狂怒的情緒——這些情緒與其隱藏起來的饑餓自體有關，但也與反對誇大自體的威脅有關。他們嫉妒別人擁有更強的自尊心或財富，好像別人偷走了他們應得的東西似的。當他們的誇大自體受到威脅的時候，這些患者也會對他人產生狂怒。如果他們不能輕易地否認以及逃避「競爭對手」可能擁有更強的力量、美貌或智慧等相關的現實，他們就會產生類似偏執的思維方式，或體驗到羞恥感和羞辱感。

此外，具有自戀型人格的個體，無法完全發展或表達某些特定的情緒。當這樣的患者躺在沙發上的時候，精神分析師就會見證到這一切。這些患者明顯無法表現出來的情感包括：悲傷、悔恨和感激。這些情感關係到我們對他人的關心、依賴及不願貶低他們的感受。堅守著誇大自體的患者並不會使用這些情緒。當唐納・川普在毀滅性的颶風過後將賑災的廚房紙巾用

扔的投向波多黎各人民的時候，許多人認為他根本沒有悲傷和同理心。

蘋果餡餅隱喻

2004年，為了闡述自戀型領袖人格的內心地圖，以及令其具有修復性、破壞性或者兼而有之的心理動力學過程，我提出了蘋果餡餅隱喻（Volkan, 2004）。試著想像一下，把餡餅擺上餐桌的時候，一瓶沙拉醬灑了出來，滲入到一小部分餡餅裡。為了保護這個餡餅尚可食用的較大部分，我們會把毀掉的部分切掉，推到盤子的邊邊。尚可食用的較大部分，象徵著自戀型領袖誇大自體的部分；較小且業已毀掉的部分，則代表著個體受到貶低的自體和客體意象（飢餓自體）。因為具有自戀型人格的個體無法將自己膨脹而誇大的部分與受到貶低和羞辱的部分整合起來，所以，不讓「好的」部分觸及到「毀掉的」部分（分裂）就變得至關重要。

具有自戀型人格的政治領袖，會在那塊毀掉的餡餅影響到自己的政治決策、領導者－追隨者或領導者－「敵人」互動以及歷史進程時，運用各種自我任務（ego task）來處理那塊毀掉的餡餅。從某種意義上來說，處理毀掉的那塊餡餅，可以讓自戀型人格的領導者具有「修復性」。讓我們再回到蘋果餡餅的隱喻，修復型的領導者試圖從毀掉的那塊餡餅上面抹去沙拉醬，或者試圖讓它變甜，改善它，讓它能夠和未毀掉的那塊餡餅留在同一個盤子裡，甚至可能會去碰一碰它。這樣的領導

者會希望追隨者的功能可以達到他們想像或期待的高度水準，從而反映出領導者光輝的自體形象，並成為其優越性的延伸。與修復型的自戀型領導者相反的，是決心消滅那塊毀壞餡餅的領導者。對於這位具有破壞性的領導者而言，將毀掉的餡餅推得離好的餡餅更遠一些，甚至將它「外化」至另外一個盤子裡面，可能都是不夠的。這塊毀掉的餡餅必須被消滅。

　　現代土耳其的締造者凱末爾・阿塔圖爾克，認為自己高於他人，而他的追隨者們也都這麼認為。然而，他並沒有透過貶低或消滅幻想之中的敵人或亞團體，來保持自己的優越地位。他的自戀是以截然不同的方式表現出來的：

> 接受了這麼多年的教育，學習了文明和社會化的進程之後，我為何還要淪落到普通人的水準？我會讓他們提升到我的水準。讓我不要像他們一樣；他們應該像我一樣。（Aydemir, 1969, p. 482）

　　阿塔圖爾克成為了修復型領導者的最佳例子之一。

　　讓我們再談回到阿道夫・希特勒。我們可以想像，即使是他，其實也表現出了一些修復的性質。用裘蒂絲・斯特恩（Judith Stern）的話來說，納粹黨人本身就是透過模仿希特勒而變成了「小神」（Stern, 2001）。從某種意義上來講，希特勒想要增強追隨者的自尊。但是，作為一個惡性的自戀者，這種修復行動只能以犧牲其他被非人化和被摧毀的團體作為代價，才會發生。那些被變成「小神」的追隨者，實際上並沒有

真正被授予個人的「自由」，而是被利用來強化領袖的「玻璃泡泡」。

【後記】

　　任何學童都知道，每一個世紀都持續一百年的時間，然而，每個世紀何時開始、何時結束的問題，卻另當別論。有人主張將十九世紀和二十世紀合併起來看待，無論從何時開始算起（1789年或1815年），也不管到何時結束（1914年或1950年），只要屬於民族主義時代這個舊標題之下，就可以被視作某個單一時期。或者，我們可以將十九世紀（無論你如何界定它）稱為民族主義時代第一階段；將二十世紀（同樣地，無論它的時間節點如何）稱為民族主義時代第二階段。關於二十一世紀，無論你想從哪裡開始算起，比如，從大不列顛帝國、法蘭西帝國和荷蘭帝國的退場，或者蘇聯的解體，也無論在什麼時候結束，種族因素現在都正在強烈要求變身成為已故歷史學家諾曼·伊茲科維茨（他是我的朋友，與我合著過四本書）所稱的種族主義時代（Age of Ethnicity）。伊茲科維茨的意思並不是說種族才剛剛成為各民族關係中的一個有害因素。我們不需要回溯太久的歷史，就能找到種族因素在歷史事蹟開展過程中發揮作用的顯著實例。如果不承認種族因素在奧利弗·克倫威爾（Oliver Cromwell）征服愛爾蘭的過程之中所產生的影響，那當然是不對的，然而如果忽視種族衝突對新大陸的後續影響，同樣也是錯誤的。許多最重要的殖民者，比如在美國建立第一個英屬殖民地過程中發揮關鍵作用的約翰·史密斯

（John Smith），都曾在征服愛爾蘭的過程之中遭受炮火的洗禮。他們帶來了種族衝突的教訓。對於他們而言，當地的原住民通常就像是披著其他外表的愛爾蘭人。

在這本書中，我提到了通訊和旅行的技術、DNA檢驗、機器人、超越國界的金融市場擴張、自願和強制移民、難民危機、恐怖主義以及使用推特進行宣傳和外交等方面令人難以置信的進步。這些事件促成了「如今的我們又是誰」這個隱喻問題的全球化。我認為，我們目前正在經歷的是「如今的文明時代下我們又是誰」。大團體認同——當然屬於種族認同，但同時還包括國族、宗教和意識形態的認同——一直都存在，到現在仍然存在，在可預見的未來還是會繼續存在，儘管我們是如此努力地想要將之埋葬。

請允許我談回到2006年5月，當時歐洲的聚焦點是「團結」。5月25日，我在匈牙利布達佩斯舉行的歐洲跨文化團體分析協會（European Association of Transcultural Group Analysis, EATGA）上發表了主題演講。這次會議的組織者進行了一個我稱之為「實驗」的活動，展示了大團體認同與大他者的團體認同相抗衡時所具有的力量。這次會議的參與者來自不同的歐洲國家，如匈牙利、奧地利、英國、義大利和法國等已經成為歐盟正式成員的國家，也有克羅埃西亞、塞爾維亞和羅馬尼亞等東歐國家，當時他們正嚮往成為歐盟正式成員。

參與者以十人一組的方式分開，主辦者要求他們講述自己對歐盟的看法，以及自己所屬國家對歐盟的貢獻。換句話來講，每個小組的成員都被賦予了一個直接或間接的任務，成為

其所屬大團體的發言人。每個小組都設置了一名組長。這次會議的官方認可語言為英語。我所觀察的那個小組的參與者，全都是心理衛生領域的知名專家。

他們首先便提到歐盟的偉大，以及歐盟為許多大團體認同提供一個共同而理想的保護傘的任務。在十五至二十分鐘之內，每一位參與者便都開始認為「他者性」威脅到了他們主要的大團體認同，情緒便隨之高漲起來。首先，一名與會者先是用英語表示，在歐盟這個保護傘之下，所有的語言都應受到同等程度的重視和尊重，之後他便開始用法語發言。接下來的一個與會者則開始用義大利語發言，混亂就此爆發。

現在，人們用Brexit這個詞來描述英國脫離歐盟。關於「希臘退出歐元區」（Grexit）的討論也一直在進行之中。在歐洲以及世界上其他的許多地方，還存在著其他類型的大團體身分認同問題，比如西班牙的問題，以及伊拉克庫德斯坦（Iraqi Kurdistan）在2017年9月25日舉行的獨立公投等等。

目前，對於大多數有關大團體認同的衝突，我很多都還沒有更為深入的瞭解。關於賽普勒斯恐怕沒完沒了的種族問題，我倒是非常熟悉，特別是過去的二十年間，我一直都在這個島嶼避暑。南奧塞提亞和阿布哈茲（Abkhazia）獨立之後，我也密切關注喬治亞共和國與他們及俄國之間的大團體認同問題，因為1998年至2002年，我和CSMHI的其他成員曾多次前往喬治亞共和國，之後便一直與喬治亞的朋友們保持聯繫。2009年至2012年，我在土耳其主持了一系列土耳其人和庫德族人之間的非官方對話。每次會議結束之後，我都會與時任土耳其總統

的阿卜杜拉‧莒內（Abdullah Gül）會面。如今，當我看到關於所謂土耳其「庫德族問題」的報導，便感到很悲傷。在本書之中我曾經談到，我最近意外參與了皮特肯群島問題的解決。國際對話倡議組織（IDI）的主席傑拉德‧佛洛姆和我以及該組織的其他兩名成員，開始提供教學性質的研討會之後，我便從參與者身上瞭解到大團體認同的其他細節問題，以及各種各樣的悲劇，比如南蘇丹（South Sudan）正在發生的事情。

我希望大團體心理學本身能夠成為精神分析培訓機構的必修課程。為了讓精神分析師能夠在國家和國際事務之中有能力表達嚴正的意見，研究和發展大團體心理學本身是非常必要的。我還希望官方的外交界，能夠認真考慮大團體心理學對於促進世界和平所能做出的貢獻。

【附錄一】補遺：新冠肺炎、精神分析 以及大團體心理學

　　2017年8月11日至12日，維吉尼亞州的夏洛特斯維爾發生了種族主義事件，正是美國總統唐納‧川普對這個事件做出的評論，激勵我寫出了這本書。那些言論被認為是社會分歧的一種表現。檢視這種分歧發生的原因，便成為2019年夏天我在北賽普勒斯寫作這本書時的焦點。

　　對總統川普的彈劾，在2019年12月18日開始進行。美國眾議院通過了川普濫用權力和妨礙國會等相關指控的彈劾條款。2020年2月5日，彈劾審議結束，參議院宣佈川普無罪。對於他的無罪判決，各個政黨內部的意見幾乎完全一致。我們正在目睹美國政治分歧的加深。在此期間，川普再一次呈現出了其人格組成的特點。

　　在本書進行最後編輯的時候，全球的新冠肺炎疫情意外成為了人類的「敵人」。2020年3月的第一週，我有幸受立陶宛外交部之邀訪問維爾紐斯（Vilnius）。我在那裡參加了一個國際會議，那是立陶宛慶祝其脫離蘇聯三十週年活動的一部分。1992年4月，我和我那來自維吉尼亞大學心理與人類互動研究中心（CSMHI）的跨學科團隊，首次到訪立陶宛。當時，我們拜會了立陶宛政府的代表，隨後促成了一場與會者分別來自立陶宛、拉脫維亞、愛沙尼亞和蘇聯的會晤。這是我們在波羅

的海國家（主要是在愛沙尼亞）為時七年之工作的肇始。我們試圖幫助和支持波羅的海國家以和平的方式恢復獨立。隨著2020年3月的逼近，我意識到感染新型冠狀病毒的危險，尤其是在外出旅行的狀態。但我們在立陶宛和其他波羅的海國家的工作，讓我否認有這種危險存在。我想參加這次由政府主辦的會議。我也很興奮，因為組織會議者想要讓這次聚會成為「外交和精神分析的結合」。

在立陶宛前總統瓦爾達斯·亞當庫斯（Valdas Adamkus）的主持下，會議正式開幕了，與會者包括來自立陶宛和其他一些國家的著名學者、外交官以及藝術家。立陶宛人民依然記得過去蘇聯對他們個人以及社會所造成的創傷。我很容易便能聽見他們對俄羅斯持續不斷的恐懼。這次會議還為立陶宛打開了一扇大門，讓他們審視1941年發生在立陶宛猶太人身上的事情。當時，立陶宛大約有二十五萬名猶太人，占總人口的百分之十。在德國入侵期間，其中的二十萬六千八百人遭到納粹及其立陶宛同謀所殺害。

我身在立陶宛的時候，會議裡、集市中以及街道上的人們似乎不把保持社交距離放在心上。回美國的路上，我需要轉機，並在阿姆斯特丹國際機場候機四個小時。在這些擁擠的環境之中，我終於喪失了否認的心理防衛機制。回到美國之後的兩週之內，我注意到自己一直都在留心自己是否有新冠肺炎的症狀。隨後，我便開始觀察冠狀病毒大流行對個體和大團體造成些什麼影響。

新冠肺炎疫情擴散之後，國際精神分析協會（IPA）以及

其他精神分析協會針對利用電話或網路技術提供遠距治療，提出了指導意見。目前，我正為九位不同國家的年輕精神分析師提供案例督導。而正在接受他們治療的那十六位患者，我對他們的生活故事和內心世界可謂瞭如指掌。其中一些患者開始躺在自己家的沙發上接受治療。他們只能在治療開始和結束的時候，透過網路看到分析師，在會談其餘時間則只能聽到分析師的聲音，雙方就這樣交談著。

對於這些可見的否認、恐懼、焦慮和毀滅性的痛苦背後，病毒大流行對個體所造成的**最初影響**，本書並不能提供詳細的例證，因為這超出了本書所要討論的範圍。我只想針對這十六位受分析者如何應對病毒大流行以及與精神分析師保持社交距離的情形，分享自己的一些觀察。他們會有意識或潛意識地回到童年所經歷的喪失，重新體驗到與這些喪失連結起來的焦慮、舊有的防衛機制以及幻想。

五位中年患者對其所在環境和所在城市中比他們年老的人，明白表達出自己的憤怒。他們在童年早期並沒有獲得良好的養育。他們因自己對父母的狂怒而感到明顯和隱藏的內疚，先前在分析過程之中，他們很難讓自己的謀殺幻想浮出表面來。現在，他們終於可以公開表達自己對代表父母形象的老年人所抱持的謀殺怒意了，因為他們不是真正的兇手，新冠病毒才是。於是他們便獲得拯救而擺脫了負罪感。

我也觀察到，個體幸福所面臨的巨大共同威脅，可能與個體所屬大團體的歷史有著密切關聯。一位三十出頭的男性受分析者在新冠疫情開始大流行的時候，已經接受了四年的分析。

他和他的祖先住在某個國家的一個小型猶太社區裡，並沒有直接受到猶太大屠殺的影響。與分析師第一次透過電子設備會談的時候，整整一小時裡他一直將自己與安妮‧法蘭克（Anne Frank）[1]相提並論。他覺得，由於無法去分析師的辦公室，他被迫躲藏起來，就像安妮一樣。他待在家中，開始密切關注以色列的疫情報導。

而精神分析師本身，獨自待在自己的辦公室或者其他的私人場所，透過電腦與受分析者繼續著分析工作，他們也開始因為自身的孤獨而尋求支持。例如，一位精神分析師注意到自己的陽臺上有兩隻鴿子。他開始餵這些鴿子。不久之後，他為牠們做了一個窩，並開始讓通向陽台的門一直打開著。兩週之後，這兩隻鳥兒開始飛進他的辦公室，當這位精神分析師進行遠距分析的時候，牠們會啄食他辦公桌上的鳥食。我必須補充的一點是，他有一位不與家人同住的患者，當她躺在自己住處的沙發上接受治療的時候，開始會緊緊地抱著自己的貓。我也意識到，作為他們督導的我，必須為了接受我督導的人，非常小心地維持著是他們依然穩定而不帶焦慮的客體。

現在，讓我們來看看新冠疫情所帶來的**最初的**社會／政治反應。當我聽到最新的冠狀病毒新聞時，便意識到它們與本書出現的主題密切相關。除了醫療、經濟和其他現實問題之外，

1　【編註】：安妮‧法蘭克（1929-1945）是《安妮的日記》的作者，日記中紀錄了納粹占領荷蘭期間，她與家人藏身在一棟大樓書櫃後方祕密房間裡躲避納粹的親身經歷。法蘭克一家人被發現後，分別被送往集中營，她與姊妹便於其中病逝。唯一倖存的安妮父親後來發現女兒的日記，努力爭取出版，成為見證納粹惡行下人們生活的名著。

邊界心理、社會分歧、種族主義態度以及政治領袖的期望，也成為了大團體的首要關注所在。接下來，讓我們簡要看一下不同類型的重大共同災難，藉此來檢視上述的議題。

　　一些巨大的創傷是由地震、熱帶風暴、洪水、森林火災、火山爆發以及其他自然原因所造成的。當大自然的狂暴導致人們遭受苦難，受到影響的人們最終會傾向於接受這一事件是命運或上帝的意志所致。而人為的意外災難發生之後，倖存者會指責少數個體的粗心大意。無論是自然災害還是意外災難，通常並不會讓我們想到種族、國家或宗教邊界等問題，除非是像前述的第二類災難那樣，例如1986年將成噸的放射性塵埃噴射到大氣中的車諾比（Chernobyl）核災事故。有時，謀殺大團體成員的「移情人物」，如美國的約翰·F·甘迺迪、以色列的伊扎克·拉賓、瑞典的奧洛夫·帕爾梅（Olof Palme）[2]、喬治亞共和國的喬吉·查圖里亞（Giorgi Chanturia）[3]和黎巴嫩的拉菲克·哈里里（Rafik Hariri）[4]等，會引發創傷性的社會

2　【編註】：奧洛夫·帕爾梅（1927-1986）是瑞典首相，1969年以四十二歲之齡成為當時歐洲最年輕的首相。從政期間譴責美國侵略越南和蘇俄入侵阿富汗，並在第一次首相任期內擔任聯合國秘書長特使，調停兩伊戰爭。於第二次首相任期內遇刺身亡。

3　【編註】：喬吉·查圖里亞（1959-1994）是喬治亞政治人物，振興原本的「國家民主黨」成為反抗共產主義的組織，數次遭蘇聯當局逮捕。喬治亞脫離蘇聯獨立後，他因反對首任總統的獨裁作風而遭逮捕。1994年在首都提比里斯遇刺身亡，論者懷疑由於他及其所屬政黨聲勢日漲而為他招來殺機。

4　【編註】：拉菲克·哈里里（1944-2005）曾兩度擔任黎巴嫩總理，從政前是一名白手起家的億萬富豪。遭到汽車炸彈爆炸身亡之後，一個名不見經傳的恐怖組織聲稱是他們所為，黎巴嫩調查當局也排除哈里里是遭到謀殺，堅稱是一起恐怖攻擊。聯合國針對此案設立了一個獨立的國際調查委員會，歷經十五年的調查，2020年宣佈判決，指該案是由黎巴嫩主要反對黨真主黨成員所作。

反應。如果兇手和被謀殺的領導者屬於同一個大團體認同，邊界心理便不會受到影響。

其他的巨大創傷源自於敵對團體的蓄意行動，如種族、國家、宗教和政治意識形態衝突、種族主義、恐怖主義、戰爭和種族滅絕等等。在本書前面的章節之中我曾經提到過，只有由大他者引發的某些巨大創傷，才有可能演變為選擇性創傷。然而，所有由大他者蓄意引發的社會創傷一旦發生，就會激化大團體認同的議題和邊界心理。保護和維持這個隱喻性的大團體帳篷帆布，便會成為共同的關注焦點。

在第八章，我寫過一個幻想：火星人來到了地球，迫使來自不同民族、種族和宗教背景的人類團結起來，對抗一個共同的敵人。作為一個隱形的敵人，新冠病毒並非來自火星。但它就像想像之中的火星人一樣，威脅著所有的人類：老人、年輕人、富人、窮人、名人和難民。這一威脅立即激發出一種需求，要去防護國家之間以及一國之中某些地區之間的物理邊界。每一個大團體都需要保護自己，這既在意料之中，也是一種現實的事態發展。然而，這種發展卻與領導者－追隨者心理、大團體身分認同以及政治主題連結了起來。唐納·川普使用「中國病毒」一詞，便是一個例子。對物理邊界和社交距離的日益關注，也會在同一個國家內部造成社會分裂和種族主義態度，例如在老年人和年輕人之間、白種人和看起來有亞洲血統的人之間。

有趣的是，令人難以置信的通訊技術已經開始在物理邊界上製造出越來越多的心理「孔洞」。例如，我開始收到來自許

多國家的電子郵件，寄件者之前與我見過面，但在正常情況之下他們並不會與我聯絡。我感覺到，共同擁有同樣的「敵人」讓我們又走到了一起。我收到來自中國的邀請，為心理衛生工作者舉辦一場關於社會創傷、喪失與哀悼的線上研討會，透過Zoom進行。2020年4月3日，我自願舉辦了這樣一場研討會。就我所知，線上有八千人聆聽我的演講。講演結束之後，我留了一些時間接受聽眾的提問。我注意到，他們向我提出的第一個問題並不是醫學問題。他們想知道的是，川普為什麼稱新冠病毒為「中國病毒」。我發現，大團體的身分認同問題受到了明顯的關注。

在第六章我曾經寫到，對我而言，國際對話倡議組織（IDI）舉辦的會議已經成為了一個象徵，它說明了建立在充足心理知識上的對話，對於消除彼此之間的非理性觀點，並為擁有不同大團體認同的人們打開一個溝通上的反思空間，是如何重要。2020年4月5日，在IDI主席傑拉德‧佛洛姆的領導下，IDI成員舉行了首次遠距通訊會議。來自巴勒斯坦的成員由於技術問題無法與會。其他來自七個不同國家的二十二名成員，分享了他們的個人經歷、與營業相關的焦慮之特質、哀傷過程及其儀式的影響，以及被無能的當局人士背叛所帶來的憤怒等等。聽著IDI成員們發表著自己的觀點，我還注意到人們再一次對大團體認同和社會分裂等問題感到憂慮，特別是那些受到宗教組織支持的人們。我們注意到，一些當地宗教領袖和宗教組織對新冠肺炎危險性的強烈否認，正在世界各地上演。IDI首次遠距通訊會議的第二天，我收到喬治亞共和國一位同

事的來信。她在來信之中談到了政府之所以不敢干涉東正教行為的政治原因。該教會成員繼續共用同一個勺子飲酒，並親吻在同一個十字架上。

我在前文曾提到，2017年8月11日至12日的夏洛特斯維爾事件發生之後，川普對這個事件的評論激發了我寫作本書，因此我將在這篇補遺的最後，以留意他當前的（2020年4月）言論模式如何繼續刺激美國的社會分歧來做結。在他每天的病毒簡報之中，我們一再聽到「難以置信」和「極好的」等字眼。有時候，他在一分鐘之內便說出三次「不可思議」。幾乎所有與這個詞有關的主題都牽涉到他和他的追隨者的「偉大」。與此同時，幾乎每一次簡報發佈會上，他都不斷地用語言去貶低那些質疑他優越感的人們。

藉由回顧歷史上曾經出現過的致命瘟疫，例如十四世紀在歐洲爆發的黑死病，於巔峰時期導致歐亞大陸和北非的死亡人數達到七千五百萬至兩億人，一些學者便預料，新冠肺炎疫情結束之後，社會、經濟和科技都將發生巨變。若要從心理學的角度來評估這個「敵人」究竟會如何影響大團體心理和國際關係，我們還必須耐心地等待。

2020年4月16日

【附錄二】訪談：我們這麼做，是為了保有希望

訪問者：約翰・雷德（John Rhead）

翻譯：王浩威

前言

　　沃米克・沃爾肯（Vamik Djemal Volkan）1932年出生於賽普勒斯，父母是土耳其裔。他自稱有三個職業：精神分析師、醫療行政人員、和「政治心理學家」。這第三個職業是指他如何藉著研究大團體心理和團體身分來理解和預防大規模暴力（例如戰爭和種族滅絕）。他迄今仍然非常積極地從事這項工作，花大量時間到世界各地提供諮詢和建議。他是美國維吉尼亞大學醫學院榮譽退休精神醫學教授，華盛頓精神分析研究所榮譽退休訓練和督導分析師，以及奧斯汀瑞格中心（Austen Riggs）的艾瑞克・艾瑞克森高級學者。他撰寫或合著了四十本書，編輯或合著了十多本，並獲得了無數獎項。在2005年、2006年、2007年和2008年，他被提名諾貝爾和平獎，得到了超過二十五個國家的支持。

　　下面的採訪是在他退休的頭兩週，透過電子郵件進行的。當時他完全沉浸在和子孫們的聚會中。很顯然的，他的

專業資歷令人印象深刻；然而，他與家人的親密互動，給訪談者留下了更加深刻的印象。這個人似乎不住在象牙塔裡。他的部分回答摘自他目前正在寫的書《沒有子彈和炸彈：精神分析師的政治心理學之旅》（*Without Bullets and Bombs: A Psychoanalyst's Journey into Political Psychology*）。

問：在您的工作裡，包括研究、寫作和提供減少及預防大團體暴力的現實干預措施方面，您表現出驚人的熱情和成效。您能告訴我們是什麼讓您投入這一切的個人生命發展動力，以及您對這動力的詮釋嗎？

答：我是被訓練去研究人性的。儘管佛洛伊德認為我這樣的職業是「不可能的」，但作為一名精神分析師，我感到十分自在和自信。當我發現自己需要了解成千上萬人共有的心理過程，而他們當中的大多數人彼此一生都不曾見面時，或是要探索政治領導人、外交官和普通人在戰爭、或近乎戰爭時（例如恐怖主義）所扮演的角色時，我感到非常心虛，甚至無助。但在這過程中，我對所謂的「政治心理學」（我指的是由精神分析師概念化和實踐的政治心理學）一直保持積極的好奇心。我一遍又一遍地問：「什麼是大團體身分？」並想知道，為什麼人們以共同的部落、種族、國族、宗教或意識形態情緒的名義，來殘殺、傷害他人。我為了成為精神分析師和醫療行政人員進行了多年準備，但從來沒有為第三個職業「政治心理學家」做好足夠準備。我沒有給自己取這個頭銜，但我接受了這樣一個事實：幾十年來，在學術界和政界，我已經認同這個詞。

　　我1932年出生在賽普勒斯時，這島是英國的殖民地。十幾歲的時候，我和家人在首都尼科西亞租房子住，當時這城市的土耳其部分與希臘部分是相鄰的。在我們的房子旁邊，有一棟一模一樣的房子，住著一個希臘家庭。他們家有一個女兒，艾琳娜，可能比我小一歲。雖然是住在相同格局房子裡的兩個家庭，然而按照當時賽普勒斯的文化傳統，卻沒有任何有意義的社會聯繫。

　　在我孩提時，不論是賽普勒斯的土耳其裔或希臘裔，都專注於來自島嶼之外迫在眉睫的危險，這些危險是我小時候無法完全理解的。納粹在1941年空降在地中海另一個島嶼克里特島之後，人們預計他們接下來會入侵賽普勒斯。我們在花園裡挖了一個防空洞，並多次在那裡避難，有時在下雨的夜晚被警報聲從床上驚醒。食物是配給的，我們被迫吃黑色、無味的麵包，並學習如何戴防毒面具。我注意到印度錫克教士兵戴著頭巾，留著長長的鬍鬚，走在附近街道上。我親眼目睹了一架英國戰鬥機，在我和同伴玩耍的小學上方，擊落了一架義大利戰機。這對我來說，一定是一次可怕的經歷，因為在1957年初，我成年後前往美國之前，在自己保存的貴重物品中，依然保留了飛機殘骸中的一小塊玻璃。我自忖這塊玻璃是種「連結性客體」，我透過這物體與這可怕的事件「聯繫起來」，藉著保留它而在某種意義上控制它，也就是說，我可能一直試圖控制著自己可能會失去生命的童年焦慮。

　　我家的花園和艾琳娜家的花園由一堵泥磚牆隔開，隨著我日漸長高，我可以在艾琳娜家的花園裡看到她。我不記得她和

我是什麼時候認識的，但我們會在家門前的街道上遇見彼此。我會指著在街上駛過的汽車或自行車，告訴她它們的土耳其名字。她也會指著物品，教我希臘語單詞。很快地，她和我進入了青春期，並接受了把我們的往來標誌為「禁忌」的文化模式，因為這兩個團體之間的通婚被認為與亂倫一樣嚴重，絕對禁止。因此，我從艾琳娜那裡學到的跟真正的「希臘性」有關的一切都被更強烈地否認了。在童年還沒有意識到這一點的時候，我就具體地體驗過大團體身分是如何劃分人的。在尼科西亞有一所英語學校，收賽普勒斯土耳其裔的學生，也收希臘裔學生，但大多數土耳其裔或希臘裔年輕人上的學校，只提供土耳其語或希臘語教育。我去了土耳其中學，從來沒有學會希臘語：儘管島上到處都是希臘人，我幾乎每天都會遇到他們，也沒有負面偏見。但我們是不一樣的，雖然我們都是人。到了後來，當賽普勒斯土耳其人和賽普勒斯希臘人尖銳對立時，我已經離開了那個地方，先是到土耳其學醫，然後再以醫生的身分在美國生活。

我記得一個重要的事件，在我整個童年都不斷地被告知。某一天早上，我兩歲的時候，我被一個希臘女人從我們家（但不是艾琳娜家旁邊的房子）前面綁架了。動機不是要求贖金。很顯然，這個已經麻煩纏身的女人，希望把我當成自己的孩子撫養，並沒有傷害我的意思。當天下午晚些時候，我在尼科西亞的電力工廠被發現，她把我藏在那裡。我不記得這件事，但我記得我媽媽和祖母在重述和重溫這個故事時焦慮的表情。我被這故事迷住了。因此，這件事在我的腦海中被神話化了。很

小的時候，我總害怕自己會被電流擊斃；但我也奇怪地感到高興，因為我這個土耳其孩子曾是希臘人的欲望對象。

1956年夏天，我從安卡拉大學醫學院畢業，六個月後就來到了美國，並留了下來。在安卡拉最後兩年半時間裡，我先是個手頭拮据的醫學生，然後成為初出茅廬的醫師；這一段時間，我與另一位名叫艾洛的賽普勒斯土耳其年輕人一起分租大樓裡的一個小房間。他和我一樣，都是來安卡拉念醫學，在同一所醫學院裡比我小兩年。他叫我阿比，意思是「我的大哥」。因為我只有姊姊沒有兄弟，所以我把他當成了兄弟。在我們做室友期間，賽普勒斯的土耳其人和希臘人開始了種族衝突。

離開家鄉抵達美國三個月後，我收到了父親的一封信。信封裡有一篇剪報，上面印著艾洛的照片，報導他是如何從安卡拉回賽普勒斯看望生病的母親，在藥店為她買藥時，被賽普勒斯希臘恐怖分子殺死了，而且被開了七槍。這些人為了恐嚇他所屬的族群，殺害了前途光明的優秀青年艾洛。收到艾洛去世的消息時，我只感到麻木。我沒有哭。當時我身處芝加哥這個依然陌生的他鄉異國，舉目無親，所以也沒有與任何人分享艾洛被殺的消息。即便是幾年後我開始接受個人分析時，也沒談過與艾洛相關的失落。當時我「隱而未顯」的哀悼過程，我相信，很大程度上就是被我所隱藏了。

作為一位年輕的精神分析師，我感覺自己與晚年的威廉·尼德蘭（William Niederland）是十分親近的，在某種意義上來說，我認同他是我的人生導師。但當時我從來沒有想到過，

我找這位創造了「倖存者綜合症」（survivor syndrome）這觀念的分析師作為導師，很可能和我自己因為艾洛的死去而充滿「生存內疚」有關。1979年，我開始參與美國精神分析學會委員會的阿拉伯－以色列對話系列工作，同時也在其他衝突地區從事類似工作。就在這個時候，我開始努力去了解這些與族人大批消失相關的種族、民族、宗教或意識形態衝突的心理。在這些年裡，我也多次訪問北賽普勒斯，但我從來沒有想過去拜訪艾洛的家人或找出他的墳墓在哪裡。

艾洛去世三十多年後，我再次訪問了北賽普勒斯。那個夏夜，幾位朋友帶我去一家花園餐廳，其中一位知道艾洛故事的人指著酒吧後面的一個大鬍子男人，告訴我說，這個人是艾洛的弟弟。我不由自主地從椅子上站起來，走近這個人，對他說：「我叫沃米克。這個名字對你有什麼意義嗎？」他開始哭泣，我發現自己也嚎啕大哭起來，就在人們用餐的時候，背景是悠揚的古典音樂。我經歷了一種劇烈的悲痛反應，隨後我的哀悼過程重新啟動，持續了好多、好多個月。在一陣反思之後，我意識到我一直將父親寄給我有艾洛照片的剪報作為連結性客體（linking object）。艾洛的精神替身此時並沒有前途。但是，當我讓它繼續擁有「生命力」，它在我心中所代表的一切，成為我在許多專業活動的動力來源。

我對艾洛死亡的反應，包涵了肯伯格（Otto Kernberg）對配偶去世後，「正常」哀悼所描述的許多要素。正如我之前所做的那樣，肯伯格觀察到，即使是正常的哀悼過程也沒有時間限制。艾洛的死，顯然在我心中形成了倖存者內疚的因素。

何況我們住在一起的時候，我當他是自己的弟弟，還將當他
小弟來使喚，讓他四處跑腿，而現在我已經無法得到他的原諒
了。失去了他，也開啟了我身上的修復工作。哀悼過程在餐廳
啟動以後，我充分意識到了這一點。我察覺到，我選擇研究個
人和社會中的哀悼主題，最主要原因是與我之前對艾洛之死的
無意識反應有關。我對自己的新理解十分著迷，我在世界衝突
地區和難民營中度過了相當長的時間，在這些地方，受害者往
往遭受到許多失落，而這與我的修復工作有關。我可以說，以
肯伯格的話來說，我覺得代表艾洛的願望來進行這份工作是一
種「道德義務」或「使命」。在我看來，他的主要願望是活下
來，而不是讓我感到內疚。我希望在種族、民族、宗教或意識
形態衝突影響下的人們，不要殺害對立團體的人。相反的，我
希望他們和解。除了我是綁架我的那位賽普勒斯希臘女人所渴
望的客體，以及我對與艾琳娜因文化傳統而中止的短暫友誼有
所懷念之外，我意識到自己對艾洛去世的反應，也鼓勵著我
投身這份國際關係的工作。我還著迷於自己意識到，為什麼
我還選擇了一位希臘裔美國精神醫學家朱利耶斯（Demetrius
Julius）作為國際工作的主要伙伴，只因為我一直還處於長年
的哀悼。我同時也意識到，這幾十年來在另一個領域，我也與
希臘人合作過。我與另一位已故的希臘裔美國人查爾斯・索卡
里德斯（Charles Socarides）共同擔任美國精神分析學會性偏
差研究小組的主席長達十年之久。我不耽溺於過去；我總能夠
找到其他的「兄弟」，其中一些甚至是希臘人。

　　問：在您眾多著作中，揭示了許多研究發現並提供各種理論概念，企圖透過這些嶄新的理解來作為有用的干預方式。在您看來，從工作中得出的最重要的發現和理論概念是什麼？

　　答：從佛洛伊德（1921）以來，在討論大團體心理學時，精神分析師主要解釋了領導者對追隨者之意義的新發現，伊底帕斯式的父親就是一個例子；後來他們開始關注大團體本身對團體裡的成員代表什麼意義，例如作為提供母乳餵養的母親。現在是將心理動力學、大團體心理學加以發展和擴充的時候了，這同時可以解釋大團體在和平與戰爭時期，如何以哪些模式在相互作用。

　　大團體沒有一個大腦可以思考，也沒有兩隻眼睛可以哭泣。當一個大團體數以千計或數以百萬計的成員，共有著某種防衛機制（例如投射）或心理旅程（例如哀悼）時，在外呈現出的是社會、文化和政治的歷程。我下面舉三個例子來解釋這一點。

　　第一個例子：在日常的臨床工作中，我們可以用退行的觀念來解釋受分析者的行為模式。為了推敲出精神分析的大團體心理學，我們應該探究大團體的退行是如何表現的。肯伯格的解釋非常合理，他說退行的大團體會經歷自戀或偏執的重新組成。如果我們想對特定的國際衝突有進一步的理解，就需要更加專注於這事。我下文會提到社會退行的一個關鍵性跡象。

　　當一個人退行時，他們會「回去」重複童年時處理衝突的模式，也就是衝突被無意識幻想和心理防衛所汙染時的模式。當一個大團體退行時，它也會回過頭來，點燃其祖先歷史某

些共享的意象。例如，塞爾維亞人在斯洛博丹·米洛舍維奇（Slobodan Milošević）的領導下，點燃了六百年歷史的科索沃戰役的意象。我稱這些過去的意象為「選擇性創傷」（chosen traumas）和「選擇性榮耀」（chosen glories）。每個選擇的創傷或選擇的榮耀，都只屬於某一個特定的團體。傷膝河（Wounded Knee）大屠殺只屬於蘇族印地安原住民。當這些創傷的圖像重新被激發時，它們的功能會改變，並成為確認大團體的存在和連續性的關鍵性身分標記。他們被「選擇」來彌補大團體身分的磨損，維持對大團體身分的自戀性能量投資。

當敵對雙方的代表聚在一起進行非正式的外交對話時，他們就成為其大團體的代言人。當一方感到受辱，他們就會轉而賦予歷史事件的意象新生命。例如，在討論當前的國際事務時，俄羅斯人可能會開始關注蒙古－韃靼人的入侵，或者希臘人可能會提到君士坦丁堡的失落；而這兩個事件都發生在幾個世紀以前。當這些歷史事件的意象在一大群人當中重新活躍起來，就會發生「時間坍塌」。對歷史意象的共同看法、感受和想法，與對當前事件的看法、感受和想法，於是交織在一起。

這放大了當下的危險。除非找到解決時間崩塌的方法，否則例行的外交努力是很可能會失敗的。今天，激進的伊斯蘭教基本教義派人士，已經重新激發了無數的選擇的創傷和榮耀。我們需要研究和理解它們，以便為下一個和平的世界制定新的（希望是更有效的）策略。

第二個例子：我們非常熟悉一個人會將自己不可接受的自體和客體意象加以外化，或將不可接受的想法或影響投射到另

213

一個人身上。這產生了一個人的不良偏見。「我不是那個發臭的人；我的鄰居才是發臭的！」如果我們想將大團體心理學獨立發展，並了解產生社會偏見的關鍵，我們就要嘗試去描述：當大團體使用外化和投射時，會發生什麼狀況。當一大群人發現自己在問諸如「我們現在是誰？」或者「我們現在如何定義我們的大團體身分？」這一類問題時，通常是在革命、戰爭、屈辱的經濟創傷、或在「他者」長期壓迫後而獲得自由之後，是在將不需要的元素甩開以淨化自己。這種淨化代表大團體的外化和投射。在希臘爭取獨立之後，希臘人將他們的語言從所有土耳其語單詞中純化出來。拉脫維亞脫離蘇聯獨立後，人民希望去除國家公墓中大約二十具的「俄羅斯」屍體。在共產主義垮台、塞爾維亞獨立後，塞爾維亞人試圖淨化自己，企圖排除所有的穆斯林波士尼亞人，導致了斯雷布雷尼察（Srebrenica）大屠殺這類的悲劇。有的淨化是沒有危險的，有的淨化則是種族滅絕。了解淨化的意義及其心理必要性，可以幫助我們去制定策略，將共同的偏見保持在「正常」範圍內，避免變得具有破壞性。

第三個例子：大團體，就像個人一樣，也表現出複雜的哀悼。在臨床工作中，我們看到許多人長年處於哀悼中。我下文也會提到一些大團體中漫長哀悼的一個關鍵性跡象。在遭受敵人重大的共同創傷和損失已經幾十年以後，一大群人可能會發展出我所說的政治權利（political entitlement）意識形態：一種共同的權利意識，認為可以恢復在現實和幻想中失去的東西。堅持這樣的意識形態反映了大團體哀悼的複雜性，既

試圖否認損失，又希望挽回損失。義大利人所說的統一主義（irredentism）（與「尚未收復的義大利」〔Italia Irredenta〕有關），希臘人所說的「偉大的理想」（Megali Idea），塞爾維亞人所說的基督斯拉夫主義（Christoslavism），土耳其人所說的泛圖蘭主義（Pan-Turanism），以及目前極端宗教伊斯蘭主義者所說的「回歸伊斯蘭帝國」（the return of an Islamic Empire），都是政治權利意識形態的例子。這種意識形態可能會持續數百年，並且隨著歷史環境的變化而消失和重現。它們經常會影響外交談判，很可能以和平或可怕的方式改變世界地圖。從心理動力學的角度研究國際關係最重要面向之一，是大型團體哀悼所涉及的併發症所造成的影響。

　　對大團體心理學本身的思索，意味著對大團體所共享之心理體驗和動機的無意識與動力加以「構想」（formulations），這些體驗和動機引發了特定的社會、文化、政治、意識形態歷程，影響了大團體的內部和外部事務，就像我們對個別患者的內在世界進行構想，以總結我們對患者內在世界和人際關係的理解。我對發展大團體心理學本身的興趣，是研究哪些大團體之內所共有的心理現象是專屬於此大團體的：這些心理現象如何開始，如何改變功能而成為大團體的身分標記，如何被操縱和重新激發以引起大規模暴力並造成外交和談時重大的障礙，或者如何創造出與「他者」和平共處的氛圍。在一個大團體中存在著各種類型的共有心理現象。

　　問：您自己的著作已經遠遠超出了精神分析領域，進入了

許多其他的學科，並讓您與這些學科內的其他人合作。您是否有更大的框架，來結構這一切多樣化的工作？

答：跨學科的工作是必要的。目前沒有一門學科可以解釋大團體活動。

問：您是否有一套可以描述為精神、宗教或存在主義的個人信仰或實踐？如果有，這些對您的工作有何影響？

答：完全沒有。

問：您已經注意到，個人身分中的「裂縫」（cracks）可能會被大團體身分的元素所填補，使個人做出自殺炸彈客之類的行為。我看到榮格關於個體化的討論時，我想到，個體化概念可說是大團體身分的對立面。以下這段是引自《榮格全集》第 7 卷〈區分的技巧〉（譯按：文章全名應是〈區分自我和無意識形象的技術〉〔The Technique of Differentiation between the Ego and the Figures of the Unconscious〕，段373）的最後一段，我很想聽聽您對此的評論：

也許有人會問，一個人將會步上個體化，為什麼是非常令人嚮往的。這不僅是令人嚮往的，而且是絕對不可或缺的，因為在他者對個人的汙染之下，個人所深陷的情境和所投入的行為，會使他與自己變得極不和諧。從無意識層面所有汙染和非分化的狀態當中，將被迫出現違背自己本性的狀態或行為。由於這些原因，個體化對某些人來說是必不可少的，不僅作為治療上所必需

的，也是更崇高的理想，是我們所能做到的最佳地步。此時我也不應該忽略，原始基督教有關天國的理想「就在你的內在」。這理想底層的想法是，正確的行動來自正確的思考，而所有治癒和改善世界的方法，都是從個體本身開始的。

　　答：在過去的幾十年裡，我沒有時間重新閱讀佛洛伊德或榮格。然而，根據艾瑞克森對個體身分的描述，我將大團體身分定義為成千上萬或數百萬人的主觀體驗，這些人透過持久的相同感聯繫在一起，同時也與屬於陌生團體的他者擁有一些相同的特徵。使用大型帆布帳篷的這個比喻，有助於解釋大團體身分。想想從我們還是孩子的時候，就學會了要穿兩層衣服。第一層是個體的這一層，我們每個人都非常合身的。個人的核心個體身分為個人提供了一種內在的持久相同的感覺。第二層則是帳篷的帆布，雖然寬鬆，但讓我們在一個共同的大帳篷下與他人共享一種相同的感覺。帳篷的帆布意味著一個人的核心大團體身分。兩層布料之間，有一些共同的縫線，譬如與同一環境中親密他者所共有的認同，縫合起了這兩層，即個人的衣服以及帳篷的帆布。因此，從心理上來說，核心的個體身分和核心的大團體身分是相互關聯的。雖然是帳篷桿和領導者讓帳篷豎立起來，但帳篷的帆布（大團體身分）保護著領導者和團體。

　　在巨大的團體帳篷下，有著許多子團體和許多子團體的身分，譬如職業身分。一個人可以在沒有太多焦慮的情況下改變

子團體身分，除非這種改變在無意識層次與心靈危險有關，例如會失去母親或面臨閹割。但出於現實的目的，個人不能改變自己核心的大團體身分，尤其是在個人完成了青少年歷程階段，自己的核心身分已經具體化了之後。我在這裡指的是一般的典型情況，而不考慮社會中較特殊的個體，例如父母來自不同種族、移民或持不同政見者。想想有一個男人——假設他是德國人——他是業餘攝影師。如果他決定停止攝影並從事木工，他可能會稱自己為木匠而不是攝影師，但他不能不再是德國人而成為法國人。他的德國性質是他核心大團體身分的一部分，這與他核心的個體身分是相互關聯的。這兩種核心身分都會在童年時期演化，到了青春期過渡階段開始交織而具體化。而一個團體，只有透過長期存在的歷史事件的影響，才可能演化出新的大團體身分。例如，一大批南斯拉夫人在奧圖曼帝國的統治下成了波士尼亞人。

一個大團體的成員受到敵對團體的傷害越多，他們就越堅持自己的大團體身分，而犧牲了對個體身分所投入的能量。他們開始重視「自家人」、大團體帳篷帆布上的各種圖案，並在情感上不惜一切來保護大團體身分，並將這身分與「他者」的身分開始清楚地區分開來，即便因為這樣而必須容忍更強烈的共同受虐和虐待。

問：《Voices》這雜誌（譯按：本文原本刊載的雜誌）的大多數讀者，是在私人諮商室進行接案工作的臨床專業人士。作為一個團體，他們十分強調治療師本人作為治療效果之有效因素的重

要性。這種導向使得他們（我們）走上了一條是終生且有目的
的成長和發展的道路，而這往往涉及了大量的個人治療。如果
這些臨床醫師希望為世界帶來更多和平、更少戰爭，您會向這
些臨床工作者推薦什麼，來思考和開展他們的臨床工作？您認
為臨床醫師是否可以在諮商室之外，運用他們的技能，為世界
帶來更多和平、更少戰爭？

答：2007年，北愛爾蘭聯盟黨（Alliance Party of Northern
Ireland）和北愛爾蘭議會的前領導人、現任上議院自由民主黨
領袖約翰・奧爾德迪斯勳爵（Lord John Alderdice），和我展
開了一個不尋常的工作。我們每年兩次，將代表美國、英國、
土耳其、以色列、伊朗、約旦、埃及、阿拉伯聯合酋長國、俄
羅斯、印度和德國這些地方的人們聚集在一起。這小組透過
內部商討，闡明了我們的目標：真正地去了解不同國家對國
際關係的看法，並為理解和克服潛在的扭曲和固定反應開闢出
新的可能性。我們現在稱自己為「國際對話倡議組織」（IDI,
International Dialogue Initiative）。我們不為任何政府或組織
開展這項工作，但我們可以提供諮詢，我們尋找未來可能弱化
敵對意象的行動切入點，消除非理性思維，在敵對團體之間建
立同理心，並且展開療癒嚴重分裂的歷程。目前IDI有八名臨
床成員（來自五個國家的精神分析師和心理治療師），加上前
外交官、政治學家、媒體人等。如果沒有太多的經驗，臨床醫
師可能很難投身這類工作。

但現在有這麼多非政府組織，有些很有幫助，有些則充滿
「危險」。臨床工作者可以選擇加入「好的」非政府組織。

在過去的幾十年裡，我們越來越意識到外部事件對個人心理、代間傳遞等的影響。我們可以教育公眾去了解內部和外部的戰爭兩者之間的交織。

問：在您的網站上，有一個標題為「我父親的回憶錄」，其中包含幾頁用一種我無法閱讀甚至無法確定的語言。我想這些作品可能暗示您父親對您的影響。請您談談這些作品的內容，以及您為什麼刊載這些文章在您的網站上？

答：我父親於1970年去世，他生前曾寫下他的生平。我在北賽普勒斯的一家土耳其報紙上發表了他的著作和我的評論。我祖父是賽普勒斯的鄉村農民，我父親是八個兄弟姊妹中唯一受教育並成為教師的孩子。他出生時，這個島嶼屬於奧圖曼帝國，但被租給英國。第一次世界大戰後，英國將該島併入大英帝國，他成為英國公民。然後他成為賽普勒斯共和國公民好幾年。1974年該島分裂後，父親成為北賽普勒斯土耳其聯邦的公民。他從未離開過這個島，但他的公民身分多次改變。現在他被安葬在北賽普勒斯土耳其共和國。他是一個勇敢的人，是奧圖曼帝國崩潰後，凱末爾·阿塔圖爾克（Kemal Atatürk）在土耳其推行現代化的忠實追隨者。他遇到了我母親，她家族在賽普勒斯是奧圖曼帝國政府的大人物（當時賽普勒斯還隸屬於奧圖曼帝國）。當奧圖曼帝國的蘇丹將賽普勒斯租給英國人，英國派自己的總督前往該島時，我母親的家族失去了財富和名望。沒有戰爭。只是政治上的改變。所以，歷史影響了我家人的生活。這也是我想了解歷史與個人生活交織的另一個原因。

問：您在這個世上看到了什麼讓您充滿希望的事物？又看到什麼讓您希望破滅，甚至絕望的事物？

答：1960 年代中期，我自己接受精神分析時，分析師曾經告訴我：「美好的事物有其自我照顧的方式」，後來我在分析他人時也使用了這句話。當然，人類，無論是作為個人還是作為大團體的成員，都會做很多好事。這些所謂的好事，贏得了我們的尊重和敬畏。但我們需要超越表面和邏輯式的解釋，來理解人類所得出來的「惡行」的含義。我們這麼做是為了保有這個希望：有朝一日，我們將制定包含深度心理學考量的新策略，以馴服全世界所有破壞性的大團體行為。在我年事已高的此時，我很清楚，我永遠看不到真正實現的那一天。政府和其他大小團體的領導人和統治者，將繼續花錢製造或購買更多的子彈和炸彈，或以更加迷人更難以置信的嶄新技術或設備來取代它們。所謂大團體行為中的「惡行」將永遠結束，其實是一種錯覺。然而，即使是現在，我也樂觀地認為，在一些特定的小型國際衝突中，我們越是探究「惡行」背後的心理，就越有希望在沒有子彈和炸彈的情況下解決它們。

人們將繼續以大團體身分（可能被意識形態或宗教所汙染）的名義殺害和羞辱「他者」。人性不會改變。由於科技的驚人進步，我們正在進入一個嶄新的文明。然而，它不包括對人性的進一步考察。新科技的使用，首先（至少大部分時間）是用來殺人（敵人）。戰爭將繼續存在。然而，我希望在未來的某個時刻，我們會使用更多以心理學所得知的方法，來和平

地處理國際性衝突。

訪問者自我簡介

在「博爾德模型」（Boulder Model〔譯按：這是一種科學家訓練模式，一般稱為博爾德模式，提供研究生課程階段的心理科系學生在研究和科學實踐這兩方面都奠定基礎。它最初是為了指導美國心理學會[APA]認可的臨床心理學研究生課程而開發的。〕）流行時，我接受了成為心理學者的正式培訓。這模式認定心理學家所應該接受的培訓包含臨床與研究，對我十分有用。我希望成為心理治療師，而且也醉心於研究，解決我所認為的重大問題。換句話說，我很高興對尋求我協助的人產生積極的影響，並喜歡我的生命也受到他們的影響；同時我也是研究人員，不斷地思索我們可以透過心理治療了解自己的哪些方面，且對整個人類的不幸可能產生更大的影響。當我順著生命的浪潮，聽到前方的海浪急急拍打著逼近的海岸時，我越來越相信，這些不幸以及對幸福和意義的追尋等等重大問題，和我們同時以各式各樣的方式互相殘殺的共同傾向，存在著很大的關聯。

Psychotherapy 59

我們為何彼此撕裂？
從大團體心理學踏出和解的第一步
Large-Group Psychology:
Racism, Societal Divisions, Narcissistic Leaders and Who We Are Now
作者—沃米克・沃爾肯（Vamık D. Volkan）
譯者—成顥、魏冉
審閱—王浩威

出版者—心靈工坊文化事業股份有限公司
發行人—王浩威　總編輯—徐嘉俊
責任編輯—黃心宜　特約編輯—鄭秀娟
內文排版—旭豐數位排版有限公司
通訊地址—106台北市信義路四段53巷8號2樓
郵政劃撥—19546215
戶名—心靈工坊文化事業股份有限公司
電話—02）2702-9186　傳真—02）2702-9286
Email—service@psygarden.com.tw　網址—www.psygarden.com.tw

製版・印刷—中茂分色製版印刷事業股份有限公司
總經銷—大和書報圖書股份有限公司
電話—02）8990-2588　傳真—02）2290-1658
通訊地址—248新北市新莊區五工五路2號（五股工業區）
初版一刷—2021年12月　ISBN—978-986-357-228-2　定價—440元

Large-Group Psychology: Racism, Societal Divisions,
Narcissistic Leaders and Who We Are Now by Vamık Volkan
Authorised translation from the English language edition published
by Phoenix Publishing House
Complex Chinese translation copyright © 2021 by PsyGarden Publishing Company
ALL RIGHTS RESERVED

版權所有・翻印必究。如有缺頁、破損或裝訂錯誤，請寄回更換

本書出版，感謝程小姐和台灣榮格心理學會的協助

國家圖書館出版品預行編目資料

我們為何彼此撕裂？：從大團體心理學踏出和解的第一步 / 沃米克・沃爾肯(Vamık D.
Volkan)作 ; 成顥, 魏冉譯. -- 初版. -- 臺北市：心靈工坊文化事業股份有限公司, 2021.12
　面 ；　公分
譯自：Large-group psychology: Racism, Societal Divisions, Narcissistic Leaders and Who
We Are Now

ISBN 978-986-357-228-2 (平裝)

1.心理學 2.心理治療

178.8　　　　　　　　　　　　　　　　　　　　　　　　　110019665